HIGH ON LIVING
BEACH HOTELS EUROPE

curated by
Patricia Parinejad

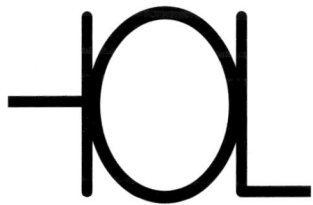

Editorial project:
2024 © **booq** publishing, S.L.
c/ Domènech, 7-9, 2º 1ª
08012 Barcelona, Spain
T: +34 93 268 80 88
www.booqpublishing.com

ISBN 978-84-9936-653-1

© 2024 HOL - curated by Patricia Parinejad

Editorial coordinator and layout:
Claudia Martínez Alonso

Art director:
Mireia Casanovas Soley

Translation:
booq publishing, S.L.

Printing in Spain

booq affirms that it possesses all the necessary rights for the publication of this material and has duly paid all royalties related to the authors' and photographers' rights. **booq** also affirms that is has violated no property rights and has respected common law, all authors' rights and other rights that could be relevant. Finally, **booq** affirms that this book contains neither obscene nor slanderous material.
The total or partial reproduction of this book without the authorization of the publishers violates the two rights reserved; any use must be requested in advance.
In some cases it might have been impossible to locate copyright owners of the images published in this book. Please contact the publisher if you are the copyright owner in such a case.

 5 INTRODUCTION

 8 BAREFOOT HOTEL PORTOCOLOM

 18 BEACH MOTEL SPO

 28 BIKINI ISLAND & MOUNTAIN HOTEL

 38 CASA MÃE

 48 EL LLORENÇ PARC DE LA MAR & EL VICENÇ DE LA MAR

 62 ES BLAU DES NORD MALLORCA

 72 GRAND HOTEL HEILIGENDAMM

 82 HÔTEL CAFÉ DE PARIS BIARRITZ

 92 HOTEL ESPLÉNDIDO PORT DE SÓLLER

 102 IBEROSTAR PORTALS NOUS MALLORCA

 112 IL SERENO LAGO DI COMO

 122 LA CHAUMIÈRE

 132 MAISON LA MINERVETTA

 142 MIKASA IBIZA AND BEACHOUSE

 152 NUMOIERAPETRA ROYAL BLUE ROYAL SENSES

 172 PORTIXOL HOTEL Y RESTAURANTE

 182 QUINTA DA COMPORTA PORTUGAL

 192 SEETELHOTEL, STRANDHOTEL ATLANTIC & VILLA MEERESSTRAND

 202 STRANDHOTEL CADZAND-BAD

 212 THE RELAIS COODEN BEACH

 222 WYN STRANDHOTEL SYLT

 232 DIRECTORY

 233 ABOUT THE CURATOR ABOUT HOL

HAPPINESS COMES IN WAVES

The ocean, with its tides, currents, and waves, holds immense power as it carries energy across the globe. Each wave that rolls in brings a sense of tranquility. The scent of salty sea air, the vastness of the ocean stretching to endless horizons, the mighty roars or tranquil stillness, the infinite shades of blues, emeralds, whites, and greys - all soothe our senses.

Throughout my life, I have been irresistibly drawn to open waters. From my childhood spent on the Caspian Sea in Iran, walking for hours with my dogs on the Baltic Sea in rain, basking on the sun-drenched beaches of Miami with warm sand between my toes, finding respite on the coast of Sag Harbor in the humid summers of New York, to riding the crest of waves in the chilly Atlantic waters of Pacific Palisades in California and Guéthary on the Côte Basque in France with my little red surfboard – the ocean has always been my escape. During times of sorrow or when feelings of loneliness and solitude threatened to overwhelm me, the sea became my solace, silently embracing me. Living on various islands such as Manhattan, South Beach, and Mallorca has allowed me to welcome the New Year on the beach, witnessing a rainbow over the Bay of Port de Sóller on January 1st or participating in the Polar Bear Plunge, where I challenged the icy waters of Southampton at my lowest point in life. It was a healing experience. Times have changed since then, and with heatwaves in Europe increasing in frequency and intensity faster than almost anywhere else on the planet, I realized that more and more people are seeking refuge in cooling beach or waterfront hotels – places to escape from their troubled daily lives, even if just for a while.

BEACH HOTELS EUROPE was born.

Through my travels, I discovered, and captured hidden gems and exceptional hospitality projects, from the simplest to the most luxurious. This book presents a curated collection of Europe's harborside, clifftop, and beach hotels along the coastline, offering uninterrupted views of the vast open sea, including secret and stylish hideaways, all just a barefoot stroll away from the water. Interspersed throughout the pages are additional photographs of beaches, water, waves, sand, and shells – mementos collected over the years, creating a powerful aesthetic coffee table book.

Hotels and vacations by the water promise a combination of coolness, relaxation, and leisure in perfectly designed surroundings that fulfill nearly every imaginable desire, refreshing and rejuvenating the soul. While there may be countless beach hotels out there, only a select few have truly touched my heart. It is my hope that through this book, you will be inspired to reconnect with the sea and spread a sense of freshness, calm, and peace.

DAS GLÜCK KOMMT IN WELLEN

Der Ozean mit seinen Gezeiten, Strömungen und Wellen hat eine enorme Kraft, um Energie um den Planeten zu transportieren. Jede Welle, die ankommt, bringt ein Gefühl der Ruhe mit sich. Der Duft der salzigen Meeresluft, die Weite des Ozeans, der sich bis zu unendlichen Horizonten erstreckt, das mächtige Tosen oder die ruhige Stille, die unendlichen Blau-, Smaragd-, Weiß- und Grautöne, all das beruhigt unsere Sinne.

Mein ganzes Leben lang habe ich mich unwiderstehlich zum offenen Wasser hingezogen gefühlt. Von meiner Kindheit am Kaspischen Meer im Iran über stundenlange Spaziergänge mit meinen Hunden an der Ostsee im Regen bis hin zum Sonnenbaden an den Stränden von Miami mit dem warmen Sand zwischen den Zehen und der Erholung an den Ufern von Sag Harbor in den feuchten Sommern von New York, bis hin zum Reiten auf dem Wellenkamm in den kalten atlantischen Gewässern der kalifornischen Pacific Palisades und Guéthary an der französisch-baskischen Küste mit meinem kleinen roten Surfbrett - der Ozean war immer meine Flucht. In Zeiten der Traurigkeit oder wenn mich das Gefühl der Einsamkeit zu überwältigen drohte, wurde das Meer zu meinem Trost und umarmte mich in Stille. Das Leben auf verschiedenen Inseln wie Manhattan, South Beach und Mallorca hat es mir ermöglicht, das neue Jahr am Strand zu begrüßen, am 1. Januar einen Regenbogen über der Bucht von Port de Sóller zu sehen oder am Polar Bear Plunge teilzunehmen, bei dem ich mich am tiefsten Punkt meines Lebens in die eisigen Gewässer von Southampton stürzte. Eine heilende Erfahrungs. Seitdem haben sich die Zeiten geändert, und da die Hitzewellen in Europa so häufig und intensiv sind wie kaum irgendwo sonst auf der Welt, wurde mir klar, dass immer mehr Menschen Zuflucht an einem erfrischenden Strand oder in einem Hotel am Strand suchen - Orte, an denen sie ihrem hektischen Alltag entfliehen können, wenn auch nur für eine Weile.

Das war die Geburtsstunde von BEACH HOTELS EUROPE.

Auf meinen Reisen habe ich versteckte Perlen und außergewöhnliche Hotelprojekte entdeckt und festgehalten, von den einfachsten bis zu den luxuriösesten. Dieses Buch präsentiert eine sorgfältig zusammengestellte Sammlung von Hafen-, Klippen- und Strandhotels in Europa, die einen ungehinderten Blick auf das weite Meer bieten, einschließlich geheimer und eleganter Verstecke, die alle nur einen Steinwurf vom Wasser entfernt sind. Dazwischen finden sich weitere Fotografien von Stränden, Wasser, Wellen, Sand und Muscheln, Erinnerungen, die im Laufe der Jahre gesammelt wurden und einen ästhetisch ansprechenden Bildband ergeben.

Hotels und Urlaub am Wasser versprechen eine Kombination aus Frische, Entspannung und Freizeit in perfekt gestalteten Umgebungen, die fast jeden erdenklichen Wunsch erfüllen und die Seele erfrischen und verjüngen. Obwohl es unzählige Strandhotels gibt, haben nur wenige mein Herz berührt. Ich hoffe, dass dieses Buch dazu inspiriert, sich wieder mit dem Meer zu verbinden und sich von einem Gefühl der Frische, der Ruhe und des Friedens anstecken zu lassen.

Patricia Parinejad

LE BONHEUR ARRIVE PAR VAGUES

L'océan, avec ses marées, ses courants et ses vagues, a l'immense pouvoir de transporter l'énergie autour de la planète. Chaque vague qui arrive apporte avec elle un sentiment de tranquillité. L'odeur de l'air marin salé, l'immensité de l'océan qui s'étend à l'infini, les grondements puissants ou le calme tranquille, les nuances infinies de bleus, d'émeraudes, de blancs et de gris, tout cela apaise nos sens.

Tout au long de ma vie, j'ai été irrésistiblement attiré par la mer. Depuis mon enfance sur la mer Caspienne en Iran, en passant par des heures de marche avec mes chiens sur la mer Baltique sous la pluie, jusqu'aux bains de soleil sur les plages de Miami avec le sable chaud entre les orteils, en passant par le répit sur les côtes de Sag Harbor pendant les étés humides de New York, jusqu'à la crête des vagues de la mer Baltique sous la pluie, au soleil sur les plages de Miami avec le sable chaud entre les orteils, en passant par le répit sur les côtes de Sag Harbor pendant les étés humides de New York, en passant par la crête des vagues dans les eaux froides de l'Atlantique à Pacific Palisades en Californie et à Guéthary sur la côte franco-basque avec ma petite planche de surf rouge, l'océan a toujours été mon échappatoire. Dans les moments de tristesse ou lorsque le sentiment de solitude menaçait de m'envahir, la mer devenait mon réconfort, m'enveloppant de silence. En vivant sur différentes îles comme Manhattan, South Beach et Majorque, j'ai pu accueillir la nouvelle année sur la plage, en observant un arc-en-ciel au-dessus de la baie de Port de Sóller le 1er janvier ou en participant au Polar Bear Plunge, où j'ai bravé les eaux glacées de Southampton au point le plus bas de ma vie. Ce fut une expérience curative. Les temps ont changé depuis, et avec les vagues de chaleur en Europe qui augmentent en fréquence et en intensité plus rapidement que presque partout ailleurs sur la planète, j'ai réalisé que de plus en plus de gens cherchaient refuge dans des plages rafraîchissantes ou des hôtels en bord de mer – des endroits pour échapper à leur vie quotidienne trépidante, ne serait-ce que pour un moment.

C'est ainsi qu'est né BEACH HOTELS EUROPE.

Au cours de mes voyages, j'ai découvert et capturé des joyaux cachés et des projets d'hospitalité exceptionnels, des plus simples aux plus luxueux. Ce livre présente une collection soigneusement sélectionnée d'hôtels de ports, de falaises et de plages d'Europe, offrant des vues ininterrompues sur le vaste océan, y compris des cachettes secrètes et élégantes, toutes à deux pas de l'eau. Au fil des pages, d'autres photographies de plages, d'eau, de vagues, de sable et de coquillages sont intercalées, souvenirs collectés au fil des ans qui créent un livre de table esthétiquement puissant.

Les hôtels et les vacances au bord de l'eau promettent une combinaison de fraîcheur, de détente et de loisirs dans des environnements parfaitement conçus qui satisfont presque tous les désirs imaginables, rafraîchissant et rajeunissant l'âme. Bien qu'il existe d'innombrables hôtels de plage, seuls quelques-uns ont touché mon cœur. J'espère qu'à travers ce livre, vous aurez envie de renouer avec la mer et de vous imprégner d'un sentiment de fraîcheur, de calme et de paix.

LA FELICIDAD LLEGA EN OLEADAS

El océano, con sus mareas, corrientes y olas, posee un inmenso poder al transportar energía por todo el planeta. Cada ola que llega trae consigo una sensación de tranquilidad. El aroma del aire salado del mar, la inmensidad del océano que se extiende hasta horizontes infinitos, los rugidos poderosos o la quietud tranquila, las infinitas tonalidades de azules, esmeraldas, blancos y grises, todo ello calma nuestros sentidos.

A lo largo de mi vida me he sentido irresistiblemente atraída por las aguas abiertas. Desde mi infancia en el mar Caspio, en Irán, pasando por las caminatas durante horas con mis perros por el mar Báltico bajo la lluvia, el tomar el sol en las playas de Miami con la arena caliente entre los dedos de los pies, encontrando un respiro en la costa de Sag Harbor en los húmedos veranos de Nueva York, hasta cabalgar la cresta de las olas en las frías aguas atlánticas de Pacific Palisades, en California, y Guéthary, en la costa Vasco-Francesa, con mi pequeña tabla de surf roja, el océano siempre ha sido mi vía de escape. En los momentos de tristeza o cuando los sentimientos de soledad amenazaban con abrumarme, el mar se convertía en mi consuelo, abrazándome en silencio. Vivir en varias islas como Manhattan, South Beach y Mallorca me ha permitido dar la bienvenida al Año Nuevo en la playa, presenciando un arco iris sobre la bahía de Port de Sóller el 1 de enero o participando en la zambullida del Oso Polar, donde desafié las gélidas aguas de Southampton en el momento más bajo de mi vida. Fue una experiencia sanadora. Los tiempos han cambiado desde entonces, y con las olas de calor en Europa aumentando en frecuencia e intensidad más rápido que en casi cualquier otro lugar del planeta, me di cuenta de que cada vez más personas buscan refugio en hoteles refrescantes en la playa o frente al mar —lugares para escapar de su agitada vida cotidiana, aunque sólo sea por un tiempo.

Así nació BEACH HOTELS EUROPE.

A través de mis viajes descubrí y capturé joyas ocultas y proyectos de hostelería excepcionales, desde los más sencillos hasta los más lujosos. Este libro presenta una cuidada colección de hoteles de puerto, de acantilado y de playa de Europa, que ofrecen vistas ininterrumpidas del vasto mar abierto, incluidos escondites secretos y elegantes, todos ellos a un paso del agua. A lo largo de las páginas se intercalan otras fotografías de playas, agua, olas, arena y conchas, recuerdos recogidos a lo largo de los años que crean un libro de sobremesa de gran fuerza estética.

Los hoteles y las vacaciones junto al agua prometen una combinación de frescor, relajación y ocio en entornos perfectamente diseñados que satisfacen casi todos los deseos imaginables, refrescando y rejuveneciendo el alma. Aunque existen innumerables hoteles de playa, sólo unos pocos me han llegado al corazón. Espero que a través de este libro, se sienta inspirado para volver a conectar con el mar y contagiarse de una sensación de frescor, calma y paz.

Patricia Parinejad

MELLOW BAY AND SHADY PINES

Barefoot Hotel Portocolom

Mallorca, a dreamy island, is a sought-after holiday destination blessed with a temperate climate, pristine beaches, majestic mountains and fertile land with an abundance of olives, vines, and oranges. The quieter South East is a long glorious curved coastline with hundreds of hidden coves and pastel-coloured fishermen's boats bobbing in the shallow waters. Dotted with pine trees, rosemary and thyme bushes to delight nature lovers, Portocolom, one of these small fishing ports named after Christopher Columbus, allegedly born here, is the most attractive of villages with tiny alleys and local coffee bars, and it is here where the postcard-perfect Barefoot Hotel Porto Colom, a natural oasis enchants world travellers, individualists, and free spirits. Founded and conceived after the idea of German actor, writer, filmmaker and producer Til Schweiger, the vast yet intimate property comes with understated and simple barefoot luxury combined with timeless elegance.

Die verträumte Insel Mallorca, ein begehrtes Urlaubsziel, ist mit gemäßigtem Klima, unberührten Stränden, majestätischen Bergen und fruchtbarem Land mit einer Fülle von Oliven, Weinreben und Orangen gesegnet ist. Der ruhigere Südosten ist eine lange, herrlich geschwungene Küstenlinie mit Hunderten von versteckten Buchten und pastellfarbenen Fischerbooten, die im flachen Wasser schaukeln. Portocolom, einer dieser kleinen Fischerhäfen, der nach dem angeblich hier geborenen Christoph Kolumbus benannt wurde, ist das attraktivste aller Dörfer mit winzigen Gassen und mallorquinischen Cafés. Hier befindet sich das postkartenreife Barefoot Hotel Portocolom, eine Naturoase, die Weltreisende, Individualisten und Freigeister verzaubert. Gegründet und konzipiert nach der Idee des deutschen Schauspielers, Schriftstellers, Filmemachers und Produzenten Til Schweiger, bietet das weitläufige und doch intime Anwesen unaufdringlichen und schlichten Barefoot Luxury in Kombination mit zeitloser Eleganz.

Mallorca, une île de rêve, est une destination de vacances prisée bénéficiant d'un climat tempéré, de plages immaculées, de montagnes majestueuses et de terres fertiles abondant en oliviers, vignes et oranges. Le calme du sud-est se caractérise par une longue et magnifique côte courbée, parsemée de centaines de criques cachées où des bateaux de pêche aux couleurs pastel se balancent dans les eaux peu profondes. Agrémentée de pins, de romarin et de thym pour le plus grand plaisir des amoureux de la nature, Portocolom, l'un de ces petits ports de pêche portant le nom de Christophe Colomb, présumé être né ici, est le plus charmant des villages avec ses petites ruelles et ses cafés locaux. C'est là que se trouve le Barefoot Hotel Porto Colom, un oasis naturel envoûtant qui séduit les voyageurs du monde entier, les individualistes et les esprits libres. Fondée et conçue à partir de l'idée de l'acteur, écrivain, cinéaste et producteur allemand Til Schweiger, cette vaste propriété offre un luxe discret et simple, associé à une élégance intemporelle.

Mallorca, una isla de ensueño, es un codiciado destino vacacional bendecido con un clima templado, playas vírgenes, montañas majestuosas y tierras fértiles en las que abundan los olivos, las vides y las naranjas. El sureste, más tranquilo, es una larga y gloriosa costa curvada con cientos de calas escondidas y barcas de pescadores de colores pastel que se mecen en las aguas poco profundas. Salpicado de pinos y arbustos de romero y tomillo que hacen las delicias de los amantes de la naturaleza, Portocolom, uno de estos pequeños puertos pesqueros que lleva el nombre de Cristóbal Colón, supuestamente nacido aquí, es el más atractivo de los pueblos con callejuelas y cafés locales, y es aquí donde el Hotel Porto Colom, un oasis natural de postal, encanta a los viajeros del mundo, a los individualistas y a los espíritus libres. Fundado y concebido a partir de la idea del actor, escritor, cineasta y productor alemán Til Schweiger, este vasto y a la vez íntimo establecimiento ofrece un lujo descalzo, sobrio y sencillo, combinado con una elegancia atemporal.

The arrival alone is overwhelming. Hidden among pines on a sandy beach facing the water, the inconspicuous building blends into nature as relaxed as if it had always existed. Shimmering sun. The beguiling smell of salty air and wild pistachio. Wood and stone, flowering cacti and a serene ambience. Immediately, memories of California's uncomplicated lifestyle emerge, inspiration for the storytelling. Carde Reimerdes, founder of Seawashed is the mastermind behind the design identity of Barefoot Luxury. Decorated in subtle natural colours, the nested property, consisting of several buildings, patios and terraces only reveals its full size from the inside providing one surprise after another. An open lobby with curved vintage loungers, woven furniture, wooden cabinets and white-washed built-ins round off the natural concept and interior design by Carlos Serra and the striking finishes by Christiane Winter-Thumann. The sprawling pool area with secluded nooks, hammocks, daybeds, succulents and sun loungers embodies the modern Mallorquin way of living highlighted by a nature-inspired colour palette of patterns and silhouettes. Both the poolside eatery and Barefoot restaurant offer a fresh Mediterranean cuisine which delights all senses. 60 rooms and suites, some with balconies and sea views, are decorated in soft earthy tones and are equipped with high quality cooling linen bedding. The spa with several thermal pools, sauna, hammam and treatment rooms captivates with its meditative colour palette in warm ochre and coffee brown. On the several almost floating roof terraces, you can enjoy splashing in jacuzzis, practise yoga, sip cocktails by a cast-iron fire bowl or party with friends under a glittering starry sky. Trees, sun and water as a backdrop can be all you need. Or, in the evening, simply standing barefoot on the beach with your dog, seeing the milky way and appreciating the benefits of being still. A power spot by the sea to switch off. And to let your soul dangle.

Die Ankunft allein ist überwältigend. An einem Sandstrand mit Blick aufs Wasser versteckt sich das unscheinbare Gebäude zwischen hohen Kiefern und fügt sich so entspannt in die Natur ein, als wäre es schon immer da gewesen. Schimmernde Sonne. Der betörende Duft salziger Luft und wilder Pistazie. Holz, Stein, blühende Kakteen, Sukkulenten und eine friedliche Atmosphäre. Sofort werden Erinnerungen an den unbeschwerten kalifornischen Lifestyle wach, die Inspiration für das Storytelling. Carde Reimerdes, Gründerin von Seawashed, ist das Mastermind hinter der Designidentität von Barefoot Luxury. Das in ruhigen Naturtönen gehaltene und aus mehreren Gebäuden bestehende Anwesen mit Terrassen und Patios entfaltet seine volle Größe erst im Inneren und bietet eine Überraschung nach der anderen. Die Lobby mit geschwungenen Vintage-Liegen, geflochtenen Möbeln, Holzschränken und weiß getünchten Einbauten runden das natürliche Konzept und Interior Design von Carlos Serra sowie das dekorative Finishing von Christiane Winter-Thumann ab. Im weitläufigen Poolbereich verkörpern lauschigen Ecken, Hängematten, Tagesbetten und Sonnenliegen durch eine von der Natur inspirierte Farbpalette mit Mustern und Silhouetten den mallorquinischen Lebensstil, Barefoot-Restaurant und Poolrestaurant bieten frische mediterrane Küche, die köstlicher nicht sein könnte. 60 Zimmer und Suiten, einige mit Balkon und Meerblick, sind in sanften Erdtönen und mit kühlendem Leinen ausgestattet. Zur Tiefenentspannung lockt der Spa in meditativer Farbpalette mit Thermalbädern, Sauna, Hammam und Behandlungsräumen. Auf fast schwebenden Dachterrassen kann man in Jacuzzis planschen, Yoga praktizieren, oder an einer Feuerschale unter glitzerndem Sternenhimmel Cocktails schlürfen. Bäume, Sonne und Wasser als Kulisse ist manchmal alles, was man braucht. Oder abends barfuß mit Hund am Strand stehen, die Milchstraße betrachten und die Stille genießen. Ein Kraftplatz am Meer, um abzuschalten. Und um die Seele baumeln zu lassen.

Rien qu'à l'arrivée, on est subjugué. Niché parmi les pins sur une plage de sable face à la mer, ce bâtiment discret se fond dans la nature avec l'aisance d'une existence éternelle. Le soleil étincelle. L'odeur enivrante de l'air salé et des pistachiers sauvages. Du bois et de la pierre, des cactus en fleurs et une ambiance sereine. Immédiatement, des souvenirs du style de vie sans complications de la Californie émergent, une source d'inspiration pour le récit. Carde Reimerdes, fondateur de Seawashed, est le cerveau derrière l'identité du design de ce luxe pieds nus. Décorée dans des couleurs naturelles subtiles, cette propriété enchevêtrée, composée de plusieurs bâtiments, patios et terrasses, ne dévoile sa pleine dimension qu'une fois à l'intérieur, réservant ainsi surprise sur surprise. Un hall d'accueil ouvert avec des chaises longues rétro courbées, des meubles tressés, des armoires en bois et des aménagements intégrés blanchis à la chaux complètent ce concept naturel, avec une décoration intérieure signée Carlos Serra et des finitions remarquables réalisées par Christiane Winter-Thumann. La vaste zone de la piscine, avec des coins isolés, des hamacs, des lits de repos, des plantes grasses et des chaises longues, incarne le mode de vie moderne des Majorquins, mis en valeur par une palette de couleurs inspirée de la nature, avec motifs et silhouettes. Le restaurant près de la piscine et le restaurant Barefoot proposent une cuisine méditerranéenne fraîche qui ravit tous les sens. Les 60 chambres et suites, certaines dotées de balcons et offrant une vue sur la mer, sont décorées dans des tons terreux doux et équipées de linge de lit de haute qualité, parfait pour se rafraîchir. Le spa, avec ses nombreuses piscines thermales, son sauna, son hammam et ses salles de soins, captive par sa palette de couleurs méditatives dans des teintes ocre chaud et marron café. Sur les nombreuses terrasses de toit presque flottantes, vous pourrez vous détendre dans des jacuzzis, pratiquer le yoga, siroter des cocktails près d'un brasero en fonte ou faire la fête avec des amis sous un ciel étoilé scintillant. Arbres, soleil et eau en toile de fond peuvent suffire à combler vos besoins. Ou, le soir venu, vous tenir simplement pieds nus sur la plage avec votre chien, contempler la Voie lactée et apprécier les bienfaits de la quiétude. Un lieu puissant près de la mer pour se déconnecter et laisser votre âme flotter.

La sola llegada es sobrecogedora. Oculto entre pinos en una playa de arena frente al agua, el discreto edificio se funde con la naturaleza tan relajadamente como si siempre hubiera existido. Un sol resplandeciente. El seductor olor del aire salado y del pistacho silvestre. Madera y piedra, cactus en flor y un ambiente sereno. Inmediatamente surgen recuerdos del estilo de vida sin complicaciones de California, inspiración para la narración. Carde Reimerdes, fundadora de Seawashed, es la artífice de la identidad de diseño de Barefoot Luxury. Decorada con sutiles colores naturales, la propiedad, compuesta por varios edificios, patios y terrazas, sólo revela todo su tamaño desde el interior proporcionando una sorpresa tras otra. Un vestíbulo abierto con tumbonas vintage curvadas, muebles tejidos, armarios de madera y empotrados encalados completan el concepto natural y el diseño interior de Carlos Serra y los llamativos acabados de Christiane Winter-Thumann. La amplia zona de la piscina, con rincones aislados, hamacas, y tumbonas, encarna el moderno estilo de vida mallorquín, realzado por una paleta de colores de motivos y siluetas inspirados en la naturaleza. Tanto el restaurante junto a la piscina como el restaurante Barefoot ofrecen una cocina mediterránea fresca que deleita todos los sentidos. Las 60 habitaciones y suites, algunas con balcón y vistas al mar, están decoradas en suaves tonos terrosos y equipadas con ropa de cama de lino refrescante de alta calidad. El spa, con varias piscinas termales, sauna, hammam y salas de tratamiento, cautiva con su meditativa selección de colores en cálidos ocres y marrones café. En las varias terrazas casi flotantes de la azotea se puede disfrutar chapoteando en los jacuzzis, practicar yoga, tomar cócteles junto a una hoguera de hierro fundido o salir de fiesta con los amigos bajo un resplandeciente cielo estrellado. Los árboles, el sol y el agua como telón de fondo pueden ser todo lo que necesite. O, al atardecer, simplemente estar descalzo en la playa con su perro, contemplando la vía láctea y apreciando los beneficios no hacer nada. Un lugar de energía junto al mar para desconectar. Y para dejarse llevar.

SANDY DUNES
AND WILD FOAM
BEACH MOTEL SPO

Smoke-blue waters, expansive beaches, dunes, stilt dwellings, and dreamy villages. The German North Sea coast. Sometimes rough, sometimes windy, sometimes rainy or sunny. In the middle of it, the destination of desire! St. Peter-Ording captures the heart. With its panoramic views, the beach extends over twelve kilometres in length and up to two kilometres in width. Affectionately, briefly, but crisply called SPO, the charming town is located in Schleswig-Holstein, in the Wadden Sea National Park, on the Eiderstedt peninsula and is at home by the sea. Endless expanse, fresh North Sea air, foam-crowned waves. The North Sea regularly shows how much power it has and likes to show up with its wild side. Exactly here, between dunes and dyke, the Beach Motel SPO, the first cool lifestyle motel on the North Sea coast, is located seducing all senses of beach jet setters, surfers, lovers and families alike with its charming interiors, a variety of offers, delicious cuisine and its dreamlike location.

Rauchblaues Meer, weiter Strand, Dünen, Pfahlbauten und verträumte Dörfer. Die deutsche Nordseeküste. Mal rau, mal windig, mal regnerisch oder auch sonnig. Mittendrin der ultimative Sehnsuchtsort. St Peter-Ording ergreift das Herz. Mit seinem Panoramablick auf die Nordsee auf über zwölf Kilometern Länge und bis zu zwei Kilometern Breite erstreckt sich der feinsandige Strand. Liebevoll, kurz, aber knackig SPO genannt, liegt der charmante Ort in Schleswig-Holstein, im Nationalpark Wattenmeer, auf der Halbinsel Eiderstedt und ist am Meer zuhause. Endlose Weite, frische Nordseeluft, schaumgekrönte Wellen. Regelmäßig zeigt die Nordsee, wie viel Kraft in ihr steckt und zeigt sich gerne von seiner wilden Seite. Genau hier zwischen Dünen und Deich liegt das Beach Motel SPO, als erstes Lifestyle-Motel der Nordseeküste und verführt mit seinem geschmackvollen Interieur, köstlicher Küche, vielen Angeboten und traumhaften Location alle Sinne von Beach Jetsettern, Surfern, Familien und Verliebten.

Des eaux bleues, de vastes plages, des dunes, des habitations sur pilotis et des villages de rêve. La côte allemande de la mer du Nord. Parfois rude, parfois venteux, parfois pluvieux ou ensoleillé. Au milieu, la destination du désir ! St. Peter-Ording conquiert le cœur. Avec ses vues panoramiques, la plage s'étend sur douze kilomètres de long et jusqu'à deux kilomètres de large. Affectueusement, brièvement, mais surnommée SPO, cette charmante ville est située dans le Schleswig-Holstein, dans le parc national de la mer des Wadden, sur la péninsule d'Eiderstedt et se niche au bord de la mer. Une étendue sans fin, de l'air frais de la mer du Nord, des vagues couronnées d'écume. La mer du Nord dévoile régulièrement sa puissance et aime montrer son côté sauvage. C'est précisément ici, entre dunes et digues, que le Beach Motel SPO, le premier motel de style de vie branché sur la côte de la mer du Nord, se trouve pour séduire tous les sens des jet-setters de la plage, des surfeurs, des amoureux et des familles avec ses intérieurs charmants, ses offres variées, sa cuisine délicieuse et son emplacement de rêve.

Aguas azul humo, extensas playas, dunas, palafitos y pueblos de ensueño. La costa alemana del Mar del Norte. A veces agitada, a veces ventosa, a veces lluviosa o soleada. En medio, ¡el destino del deseo! St. Peter-Ording cautiva el corazón. Con sus vistas panorámicas, la playa se extiende a lo largo de 12 km y hasta 2 km de ancho. Cariñosa, breve pero nítidamente llamada SPO, la encantadora localidad se encuentra en Schleswig-Holstein, en el Parque Nacional del Mar de Wadden, en la península de Eiderstedt y se siente como en casa junto al mar. Extensión infinita, aire fresco del Mar del Norte, olas coronadas de espuma. El Mar del Norte demuestra regularmente cuánta fuerza tiene y le gusta mostrar su lado salvaje. Exactamente aquí, entre dunas y diques, se encuentra el Beach Motel SPO, el primer motel de estilo de vida cool de la costa del Mar del Norte, que seduce a todos los sentidos de la jet set playera, surfistas, amantes y familias por igual con sus encantadores interiores, su variedad de ofertas, su deliciosa cocina y su ubicación de ensueño.

Life's a Beach! From a distance, you can already hear the screeching of seagulls, music to the ears of all those who love the sea. Fine sand crunches under the wheels. With a cheerful Aloha from the Beach Motel crew, the long-awaited beach vacation begins, bringing even Hawaii and California to life. Situated just behind the dike, the three whitewashed wooden beach cottage-style buildings of Beach Motel St. Peter Ording, reminiscent of the American East Coast with over 103 individually decorated rooms & balcony suites and the best pillows in the world, offer unobstructed views of the sky and sea. Dogs are also welcome here. The beach lounge, open around the clock, surprises with fantastic breakfasts in the morning and sweet or savoury snacks during the day, and the in-house restaurant o.n.o's kitchen and did:ke offer casual, American-influenced cuisine paired with top wines or delicious stone-oven pizza. The drinking and bar culture is also cultivated at Beach Motel SPO. Coastal children and North Sea enthusiasts can experience unforgettable evenings in the o.n.o. Bar with good conversations, card games or tasty drinks or enjoy the relaxed sundowner in the deck chair on the expansive wooden terrace. In stormy weather, you can indulge in hot house tea at the Ocean Spa with saunas, hammams, and wellness programs, rock into your siesta in pretty hammocks or watch the latest movies in the private cinema. The excellent bike rental Cruiser King offers everything from bikes, children's bikes, e-bikes, fat bikes, cargo bikes for dogs & children and buggy carts, and those who would like to save vacation money can even park their van for a sleep-over on unique Bulli - parking spaces. All you have to do is get on your bike, pack up your kids and dog, and head out along the dike! A summer morning at 7 o'clock. Look out your motel room window, grab a coffee to go, and cross the dam to the beach. What more do you need?

Life's a Beach! Schon von weitem hört man das Gekreische der Möwen, Musik in den Ohren für alle, die das Meer lieben. Feiner Sand knirscht unter den Rädern. Mit einem fröhlichen Aloha der Beach Motel Crew beginnt der Strandurlaub und stellt sogar Hawaii und Kalifornien in den Schatten. Direkt hinter dem Deich gelegen erstrecken sich die drei weißgetünchten Holzhäuser im Stil der Strandhäuser der amerikanischen Ostküste mit über 103 individuell eingerichteten Zimmern & Balkonsuiten und den besten Kissen der Welt und bieten freien Blick auf Himmel und Meer. Hunde sind hier ebenfalls willkommen. Die rund um die Uhr geöffnete Beachlounge überrascht mit fantastischem Frühstück am Morgen, süßen oder salzigen Snacks tagsüber und die hauseigenen Restaurants o.n.o's kitchen und dii:ke bieten lässige, amerikanisch angehauchte Küche gepaart mit Spitzenweinen oder leckere Steinofenpizza. Auch die Trink – und Barkultur wird im Beach Motel SPO gepflegt. Küstenkinder und Nordseehungrige können in der o.n.o. Bar bei guten Gesprächen, Kartenspielen oder gepflegten Drinks coole Abende erleben oder auf der Holzterrasse im Deckchair entspannt einen Sundowner genießen. Bei stürmischem Wetter kann man sich bei heißen Haustees im Ocean Spa mit Saunen, Hammams und Wellnessprogrammen verwöhnen lassen und sich anschließend in Hängematten in seine Siesta schaukeln lassen oder im privaten Cinema die neusten Movies anschauen. Es gibt den wunderbaren Fahrradverleih ‚Cruiser King', der von Fahrrädern, Kinderfahrräder, E-Bikes, Fatbikes, über Lastenfahrräder für Hunde & Kinder bis Bollerwägen alles im Angebot hat. Hier heißt es nur: Rauf aufs Rad, Hund und Kind einpacken und den Deich entlangradeln! Und wer seine Urlaubskasse etwas schonen möchte, kann in seinem Van schlafen, diesen aber auf speziellen Bulli - Parkplätzen abstellen. Ein Sommermorgen um 7 Uhr. Ein Blick aus dem Motelfenster, schnell einen heißen Kaffee to go schnappen und über den Deich an den Strand. Was braucht man mehr?

La vie est une plage ! De loin, on entend déjà le cri des mouettes, musique aux oreilles de tous les amoureux de la mer. Le sable fin craque sous les roues. Avec un joyeux Aloha de la part de l'équipe du Beach Motel, les vacances à la plage tant attendues commencent, faisant revivre l'esprit d'Hawaï et de la Californie. Situés juste derrière la digue, les trois bâtiments de style cottage de plage en bois blanchis à la chaux du Beach Motel St. Peter Ording, qui rappellent la côte est américaine, proposent plus de 103 chambres et suites avec balcon, chacune décorée individuellement et équipée des meilleurs oreillers au monde, offrant ainsi une vue imprenable sur le ciel et la mer. Les chiens sont également les bienvenus ici. Le salon de plage, ouvert 24 heures sur 24, surprend avec de fantastiques petits déjeuners le matin et des collations sucrées ou salées tout au long de la journée, tandis que le restaurant o.n.o's et did:ke propose une cuisine décontractée d'influence américaine accompagnée de grands vins ou de délicieuses pizzas cuites au four à pierre. La culture de la boisson et du bar est également choyée au Beach Motel SPO. Les enfants de la côte et les passionnés de la mer du Nord peuvent passer des soirées inoubliables au bar o.n.o. en profitant de conversations animées, de jeux de cartes ou de savoureux cocktails, ou bien se détendre en admirant le coucher de soleil sur les vastes terrasses en bois. En cas de temps pluvieux, on peut se faire plaisir avec une pause bien-être au Ocean Spa, qui propose des saunas, des hammams et des programmes de bien-être, ou bien se balancer dans de jolis hamacs pour une petite sieste ou regarder les derniers films dans le cinéma privé. L'excellent service de location de vélos Cruiser King offre un large choix, des vélos pour adultes aux vélos électriques, en passant par les fat bikes, les vélos cargo pour chiens et enfants, ainsi que les chariots à poussettes. Et pour ceux qui souhaitent économiser de l'argent pendant les vacances, il est même possible de garer leur van pour une nuit dans un emplacement réservé. Il ne vous reste plus qu'à enfourcher votre vélo, emmener vos enfants et votre chien, et partir le long de la digue ! Un matin d'été à 7 heures. Regardez par la fenêtre de votre chambre de motel, prenez un café à emporter et traversez le barrage jusqu'à la plage. De quoi d'autre avez-vous besoin ?

¡La vida es una playa! Desde lejos, ya se oye el chillido de las gaviotas, música para los oídos de todos los amantes del mar. La arena fina cruje bajo las ruedas. Con un alegre Aloha de la tripulación del Beach Motel, comienzan las ansiadas vacaciones en la playa, en las que incluso Hawai y California cobran vida. Situados juste detrás del dique, los tres edificios de madera encalada estilo cabaña de playa del Beach Motel St. Peter Ording, que recuerdan a la costa este americana con más de 103 habitaciones y suites con balcón decoradas individualmente y las mejores almohadas del mundo, ofrecen vistas despejadas al cielo y al mar. Los perros también son bienvenidos aquí. El beach lounge, abierto las 24 h., sorprende con fantásticos desayunos por la mañana y aperitivos dulces o salados durante el día, y el restaurante interno o.n.o's kitchen y did:ke ofrecen cocina informal de influencia americana maridada con vinos de primera o deliciosas pizzas al horno de piedra. La cultura de la bebida y los bares también se cultiva en el Beach Motel SPO. Los niños de la costa y los entusiastas del Mar del Norte pueden vivir veladas inolvidables en el o.n.o. Bar con buenas conversaciones, juegos de cartas, sabrosas bebidas, o disfrutar de la relajada puesta de sol en la tumbona de la amplia terraza de madera. Si el tiempo es tormentoso, puede darse el capricho de tomar un té caliente en el Ocean Spa con saunas, hammams y programas de bienestar, mecerse en la siesta en bonitas hamacas o ver las últimas películas en el cine privado. El excelente alquiler de bicicletas Cruiser King ofrece de todo, desde bicicletas para adultos y niños, eléctricas, fat bikes, bicicletas de carga para perros y niños y carritos de buggy, y aquellos que quieran ahorrar algo de dinero durante las vacaciones, pueden incluso aparcar su furgoneta para dormir en el único Bulli, espacio con plazas de aparcamiento. Todo lo que tienes que hacer es subirte a tu bici, llevar a tus hijos y a tu perro, ¡y salir por el dique! Una mañana de verano a las 7 en punto. Mira por la ventana de tu habitación, coge un café para llevar y cruza el dique hasta la playa. ¿Qué más necesitas?

BIKINI ISLAND & MOUNTAIN HOTEL

FLOWER POWER AND COASTAL VIBES

There are nice places, great places, and there's the Bikini Island & Mountain Hotel Port de Sóller on the island of Mallorca: the one-and-only place to celebrate life and the breath-taking sight of one of the most beautiful harbour villages of the Balearic islands: Port de Sóller, its stunning beaches curving around the bay, gigantic rocks to climb on, hiking trails, a promenade with cool outdoor cafes and trendy restaurants and the Tramuntana Mountain Range as a majestic backdrop. Set on a lush, bucolic hill with a little grove overlooking the bay of Port de Sóller and just a few steps down to the water, Bikini Island & Mountain Hotel is the ultimate place of dreams and freedom, a reinterpretation of bohemian spirits and lifestyles of the late 1960s and early 1970s with a come-as-you-are attitude to forget the daily challenges, to spend a fabulous beach vacation, and to ultimately find your own space of bliss.

Es gibt schöne Orte, großartige Orte, und es gibt das Bikini Island & Mountain Hotel Port de Sóller auf der Insel Mallorca: der Ort, an dem man das Leben und den atemberaubenden Anblick eines der hübschesten Küstendörfer der Balearen feiern kann: Port de Sóller, seine traumhaften Strände, die sich um die Bucht schlängeln, gigantische Felsen zum Klettern, Wanderwege, einer Promenade mit lässigen Straßencafés und trendigen Restaurants und das Tramuntana-Gebirge als majestätische Kulisse. Das Bikini Island & Mountain Hotel liegt auf einem bukolischen Hügel mit kleinem Wäldchen, das die Bucht von Port de Sóller überblickt, und ist nur ein paar Schritte vom Wasser entfernt. Es ist der ultimative Ort der Träume und der Freiheit, eine Neuinterpretation des Bohème-Spirits und Lebensstils der späten 1960er und frühen 1970er Jahre mit einer „Komm-wie-du-willst"- Einstellung, um die Sorgen des Alltags zu vergessen, einen herrlichen Strandurlaub zu verbringen und letztendlich seine Mitte zu finden.

Il y a de beaux endroits, de bons endroits, et il y a l'île de Bikini & Mountain Hotels Port de Sóller sur l'île de Majorque : le lieu unique pour célébrer la vie et profiter de la vue époustouflante de l'un des plus beaux villages portuaires des îles Baléares : Port de Sóller. Ses magnifiques plages s'enroulent autour de la baie, avec d'immenses rochers sur lesquels grimper, des sentiers de randonnée, une promenade décontractée avec des cafés en plein air sympas et des restaurants branchés, le tout avec la majestueuse chaîne de montagnes Tramuntana en toile de fond. Niché sur une colline bucolique luxuriante, avec un petit bosquet surplombant la baie de Port de Sóller et à quelques pas de l'eau, le Bikini Island & Mountain Hotel est le lieu de rêve ultime, offrant un esprit bohème et un mode de vie inspirés des années 1960 et 1970, avec une attitude décontractée permettant d'oublier les défis du quotidien, de passer d'excellentes vacances à la plage et finalement de trouver son propre bonheur.

Hay lugares bonitos, lugares estupendos, y ahí está el Bikini Island & Mountain Hotels Port de Sóller en la isla de Mallorca: el único lugar para celebrar la vida y la impresionante vista de uno de los pueblos portuarios más bonitos de las Baleares: Port de Sóller. Sus impresionantes playas que se curvan alrededor de la bahía, gigantescas rocas para escalar, rutas de senderismo, un relajado paseo marítimo con frescos cafés y restaurantes de moda al aire libre y la Sierra de Tramuntana como majestuoso telón de fondo. Situado en una exuberante y bucólica colina con una pequeña arboleda con vistas a la bahía del Port de Sóller y a sólo unos pasos del agua, Bikini Island & Mountain Hotels es el lugar definitivo de los sueños y la libertad, una reinterpretación de los espíritus bohemios y los estilos de vida de finales de los 60 y principios de los 70 con una actitud de «ven como eres» para olvidar los retos diarios, pasar unas fabulosas vacaciones en la playa y, en definitiva, encontrar tu propio espacio de dicha.

Flowers, flowers, flowers… everywhere you go… On the walls, in the lobby, in the dreamy garden, and even at the bottom of the gigantic outdoor pool. The "leitmotif" of the Bikini Island & Mountain Hotels is the hedonistic lifestyle of easy-living hippies; their peaceful protests and campaigns for nuclear disarmament were vital sources of inspiration for the Germany-based Dreimeta design team, who are known for creating authentic spaces. The flower children and all the facets of their creative, artistic creations served as a basis for the hotel's design concept. One contemporary interpretation of this attitude towards life is "Gypset," a mixture of "Hippie" and luxury. An essential aspect of the Hippie Movement was to forego industrially manufactured mass products and return to handcrafted items. This emphasised expressing creativity, individuality and the enjoyment of life. Most interior furnishings were specially designed and produced for the Bikini Hotel. The 114 rooms and suites all feature interiors that nod to the Californian hippie era, with accents that include saffron-coloured bathrooms or shell chandeliers garnered from markets and multiple mirrors in various forms and sizes. Items were also sourced worldwide, for example, from India and Bali, and many elements were also produced locally in Mallorca. In addition, select items and art were incorporated into the design, developed by local and international artists who supported the designers' vision and helped bring the ideas to life. The delicious food concept of Neni, with its Eastern Mediterranean cuisine, is about sharing and beats it all with its unique creations and flavours. Beach life here means swimming in crystal-clear water, discovering a wealth of marine life amidst blue lagoons and hidden caves only accessible by boat, snorkelling, diving, borrowing SUPs for free at the hotel to enjoy the Mediterranean to the fullest. And if you haven't had enough of beach life, the new Bikini Island and Mountain Hotel Es Trenc is waiting for you on a white sandy beach overlooking the turquoise Mediterranean Sea! Life is better in Bikini.

Blumen, Blumen, Blumen… überall… an den Wänden, in der Lobby, im verträumten Garten und sogar auf dem Grund des gigantischen Außenpools. Das „Leitmotiv" der Bikini Island & Mountain Hotels ist der hedonistische Lebensstil der leichtlebigen Hippies; ihre friedlichen Proteste und Kampagnen für die atomare Abrüstung waren Inspirationsquellen für das deutsche Designteam Dreimeta, das für die Gestaltung authentischer Interieurs bekannt ist. Die Blumenkinder und alle Facetten ihres kreativen, künstlerischen Schaffens dienten als Grundlage für das Designkonzept des Hotels. Eine zeitgenössische Interpretation dieses Lebensgefühls ist „Gypset", eine Mischung aus „Hippie" und Luxus. Ein wesentlicher Aspekt der Hippie-Bewegung war der Verzicht auf industriell gefertigte Massenprodukte und die Rückbesinnung auf handgefertigte Gegenstände. Damit wurde der Ausdruck von Kreativität, Individualität und Lebensfreude betont. Die meisten Einrichtungsgegenstände wurden speziell für das Bikini Hotel entworfen und hergestellt. Die 114 Zimmer und Suiten sind alle in Anlehnung an die kalifornische Hippie-Ära eingerichtet, mit Akzenten wie safranfarbene Bäder oder Muschelkronleuchtern, die auf Märkten erworben wurden, sowie zahlreiche Spiegel in verschiedenen Formen und Größen. Die Gegenstände wurden weltweit bezogen, vieles aber auch auf Mallorca hergestellt. Darüber hinaus wurden Kunstwerke in das Design integriert, die von lokalen und internationalen Künstlern entwickelt wurden, die die Vision der Designer unterstützten und somit die Ideen zum Leben erweckten. Das köstliche Food-Konzept des NENI mit seiner mediterranen Küche steht für's Teilen und übertrifft mit seinen einzigartigen Kreationen und Geschmäckern. Strandleben bedeutet hier, in kristallklarem Wasser zu schwimmen, Meereslebewesen in blauen Lagunen und versteckten Höhlen zu entdecken, zu schnorcheln, zu tauchen, und kostenlos SUPs im Hotel auszuleihen um das Mittelmeer in vollen Zügen zu genießen. Und wer noch nicht genug vom Strandleben hat, auf den wartet das neue Bikini Island and Mountain Hotel Es Trenc am weißen Sandstrand mit Blick aufs türkisblaue Mittelmeer! Life is better in Bikini.

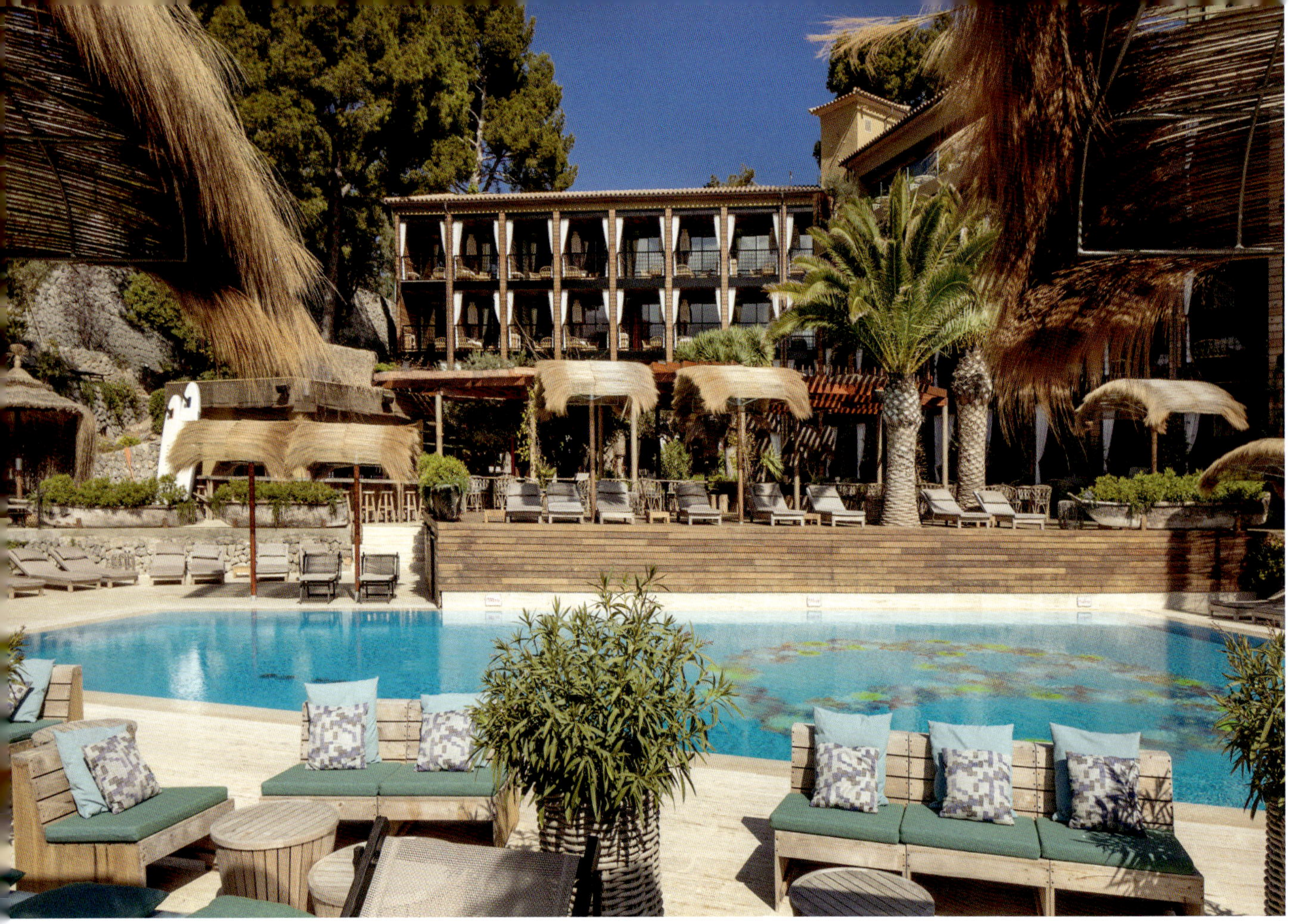

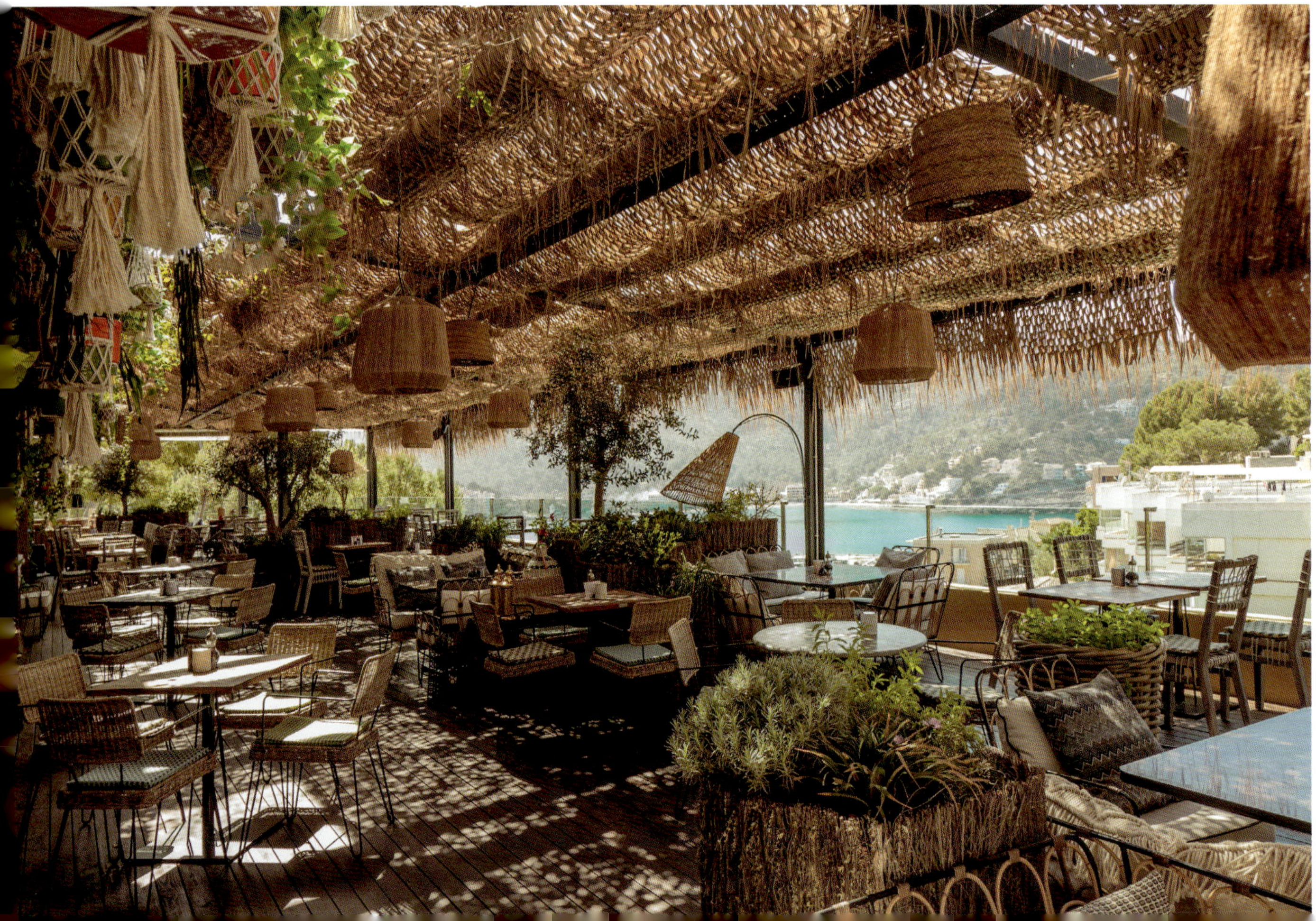

Des fleurs, des fleurs, des fleurs… partout où vous allez… Sur les murs, dans le hall, dans le jardin de rêve, et même au fond de la gigantesque piscine extérieure. Le « leitmotiv » des Bikini Island & Mountain Hotels est le style de vie hédoniste des hippies faciles à vivre ; leurs manifestations pacifiques et leurs campagnes pour le désarmement nucléaire ont été des sources d'inspiration vitales pour l'équipe de conception Dreimeta, basée en Allemagne, connue pour créer des espaces authentiques. Les enfants fleurs et toutes les facettes de leurs créations artistiques créatives ont servi de base au concept de design de l'hôtel. Une interprétation contemporaine de cette attitude envers la vie est le « Gypset », un mélange de « Hippie » et de luxe. Un aspect essentiel du mouvement hippie était de renoncer aux produits de masse fabriqués industriellement et de revenir aux articles artisanaux. Cela mettait l'accent sur l'expression de la créativité, de l'individualité et de la joie de vivre. La plupart des aménagements intérieurs ont été spécialement conçus et produits pour l'hôtel Bikini. Les 114 chambres et suites présentent toutes des intérieurs rappelant l'ère hippie californienne, avec des accents tels que des salles de bains carrelées en couleur safran moutarde ou des lustres fabriqués à partir de coquillages récupérés sur les marchés, ainsi que de multiples miroirs de formes et de tailles variées. Des articles ont également été importés du monde entier, par exemple d'Inde et de Bali, et de nombreux éléments ont été fabriqués localement à Majorque. De plus, des objets et des œuvres d'art sélectionnés ont été incorporés dans la conception, développés par des artistes locaux et internationaux qui ont soutenu la vision des concepteurs et ont contribué à donner vie aux idées. Le concept de cuisine délicieuse de Neni, avec sa cuisine de la Méditerranée orientale, est axé sur le partage et ravit les papilles avec ses créations et ses saveurs uniques. Ici, la vie à la plage signifie nager dans une eau cristalline, découvrir la richesse de la vie marine au milieu d'un lagon bleu secret et de grottes cachées accessibles uniquement par bateau, faire de la plongée avec tuba, de la plongée, emprunter gratuitement un SUP à l'hôtel et profiter pleinement de la Méditerranée. Et si vous n'en avez pas assez de la vie à la plage, le nouvel Bikini Island and Mountain Hotel Es Trenc, vous attend sur une plage de sable blanc surplombant la mer Méditerranée turquoise ! La vie est plus belle à Bikini.

Flores, flores, flores… por todas partes… En las paredes, en el vestíbulo, en el jardín de ensueño e incluso en el fondo de la gigantesca piscina exterior. El «leitmotiv» de los hoteles Bikini Island & Mountain es el estilo de vida hedonista de los hippies de vida fácil; sus protestas pacíficas y sus campañas a favor del desarme nuclear fueron fuentes de inspiración vitales para el equipo de diseño Dreimeta, con sede en Alemania, conocido por crear espacios auténticos. Los flower children y todas las facetas de sus creaciones creativas y artísticas sirvieron de base para el concepto de diseño del hotel. Una interpretación contemporánea de esta actitud ante la vida es «Gypset», una mezcla de «Hippie» y lujo. Un aspecto esencial del movimiento hippie era renunciar a los productos de masas fabricados industrialmente y volver a los artículos hechos a mano. Esto enfatizaba la expresión de la creatividad, la individualidad y el disfrute de la vida. La mayor parte del mobiliario interior se diseñó y fabricó especialmente para el Hotel Bikini. Las 114 habitaciones y suites presentan interiores que recuerdan la época hippie californiana, con detalles como cuartos de baño alicatados en color azafrán o lámparas de concha recogidas en mercadillos y múltiples espejos de distintas formas y tamaños. Los artículos también proceden de todo el mundo, por ejemplo, de la India y Bali, y muchos elementos también se produjeron localmente en Mallorca. Además, se incorporaron al diseño objetos y arte selectos, desarrollados por artistas locales e internacionales que apoyaron la visión de los diseñadores y ayudaron a dar vida a las ideas. El delicioso concepto gastronómico de Neni, con su cocina mediterránea oriental, lo supera todo con sus creaciones y sabores únicos. La vida playera aquí significa nadar en aguas cristalinas, descubrir una gran riqueza de vida marina en medio de una laguna azul secreta y cuevas ocultas a las que sólo se puede acceder en barco, practicar snorkel, buceo, préstamo de SUP gratis en el hotel y disfrutar al máximo del Mediterráneo. Y si aún no ha tenido bastante con la vida playera, el nuevo Bikini Island and Mountain Hotel, Es Trenc, le espera en una playa de arena blanca con vistas al turquesa mar Mediterráneo. La vida es mejor en Bikini.

SALTY AIR AND
WILD WATERS

CASA Mãe

The Algarve, Portugal's southernmost sought-after region bordering the Atlantic, is mainly known for its enchantingly secluded wild beaches, sea caves, scalloped bays and whitewashed fishing villages on low soaring cliffs overlooking sandy coves and rugged landscapes. In the picturesque & breezy coastal town of Lagos, just a short walk to the coast lies Casa Mãe. A small lifestyle boutique hotel & one of a kind sunny casa, celebrating the essence of Portuguese *tranquilidade* and heartwarming hospitality. Nestled within the 16th-century city walls, this hotel stands as a tranquil oasis amidst the bustling historic district of Lagos. Renowned for its farm-to-table cuisine and restorative natural spa treatments, Casa Mãe captivates its visitors with a unique combination of relaxation and indulgence. With a prime location by the golden coast, Casa Mãe promises a seaside escape and portuguese sanctuary filled with nostalgia, wonders and serenity.

Die Algarve, Portugals südlichste Region am Atlantik, ist vor allem für ihre wilden Strände, Meeresgrotten und weiß getünchten Fischerdörfer auf Klippen mit Blick auf sandige Buchten und zerklüftete Landschaften bekannt. In der malerischen Küstenstadt Lagos, nur ein Sprung von einsamen Stränden entfernt, liegt Casa Mãe. Ein kleines Lifestyle-Boutique-Hotel und eine einzigartige sonnige Casa, die die Essenz portugiesischer Beschaulichkeit und herzerwärmender Gastfreundschaft verkörpert. Eingebettet in Stadtmauern aus dem 16. Jahrhundert, ist das Hotel eine ruhige Oase inmitten des geschäftigen historischen Viertels von Lagos. Casa Mãe, bekannt für seine Farm-to-Table-Küche und seine erholsamen natürlichen Spa-Behandlungen, bezaubert seine Besucher mit einer einzigartigen Kombination aus Entspannung und Wohlbefinden. Mit seiner erstklassigen Lage an der goldenen Küste verspricht das Haus eine Auszeit am Meer voller Wunder und Gelassenheit.

L'Algarve, la région la plus méridionale du Portugal bordant l'Atlantique, est principalement connue pour ses plages sauvages isolées, ses grottes marines, ses baies festonnées et ses villages de pêcheurs blanchis à la chaux surplombant des criques de sable et des paysages accidentés. Dans la pittoresque ville côtière venteuse de Lagos, à quelques pas de la côte, se trouve Casa Mãe, un petit hôtel-boutique lifestyle & une casa ensoleillée unique en son genre, célébrant l'essence de la tranquillité portugaise et de l'hospitalité chaleureuse. Niché dans les murs de la ville du XVIe siècle, cet hôtel se dresse comme une oasis tranquille au milieu du quartier historique animé de Lagos. Réputée pour sa cuisine de la ferme à la table et ses soins de spa naturels réparateurs, Casa Mãe captive ses visiteurs avec une combinaison unique de détente et d'indulgence. Avec un emplacement privilégié sur la côte dorée, Casa Mãe promet une escapade en bord de mer et un sanctuaire portugais rempli de nostalgie, de merveilles et de sérénité.

El Algarve, la codiciada región del sur de Portugal que bordea el Atlántico, es conocido principalmente por sus encantadoras playas aisladas, cuevas marinas, bahías escalonadas y pueblos de pescadores encalados en acantilados bajos con vistas a calas de arena y paisajes agrestes. En el pintoresco y refrescante pueblo costero de Lagos, a pocos pasos de la costa, se encuentra Casa Mãe. Un pequeño hotel boutique y una soleada casa única en su tipo, que celebra la esencia de la tranquila hospitalidad portuguesa. Enclavado dentro de las murallas de la ciudad del siglo XVI, este hotel se erige como un oasis tranquilo en medio del bullicioso distrito histórico de Lagos. Reconocido por su cocina de granja a mesa y sus restauradores tratamientos de spa naturales, Casa Mãe cautiva a sus visitantes con una combinación única de relajación y deleite. Con una ubicación privilegiada junto a la dorada costa, Casa Mãe promete una escapada junto al mar y un santuario portugués lleno de nostalgia, maravillas y serenidad.

Founder and owner Veronique Polaert has meticulously considered every design aspect, thoughtfully crafting every detail. Every element, from terracotta floors to tapestry, furniture, ceramics, scents, and skin care, is bespoke and carries a narrative where the project's sustainability commitments are intricately woven into its dedication to supporting the local community. The hotel's architecture embodies barefoot luxury and authenticity, integrating various styles and atmospheres. The main building embraces a 21st-century modern minimalistic design, while the boho-chic cabanas exude the charm of traditional vernacular architecture. The hotel's crown jewel, a restored estate house, showcases 19th-century classic aesthetics. These distinct designs harmoniously complement each other, interconnecting the expansive terraced gardens & sprawling permaculture orchard. Glistening saltwater pools transform Casa Mãe into a blissful haven with the ocean and its wonders at the doorstep.

Walking outside the hotel reveals the irresistible allure of Lagos' picturesque beaches. Just a short distance from the Marina, you can go sailing, yachting, or join the locals for a fishing excursion! Casa Mãe, with its array of splendid and pristine beaches, serves as the ideal base for beach enthusiasts, sailors, and avid surfers. Beyond its golden coastline lies the untouched natural park of the Costa Vicentina with its sprawling dunes, sandy beaches, and rugged cliffs. Here, one can immerse themselves in the energy and unspoiled beauty of the Atlantic's great outdoors with awe-inspiring adventures enveloped by the magnificent forces of the vibrant ocean.

Within Casa Mãe's sun-soaked ambience, permeated by gentle melodies and delicate scents from the gardens, a perpetual summer lingers, creating an atmosphere of unparalleled relaxation. A cherished sanctuary that beckons guests to return, yearning to savour once more this sweet life that Casa Mãe, embraces, made of life's simplest joys.

Gründerin und Eigentümerin Veronique Polaert hat jeden Aspekt des Designs sorgfältig durchdacht und jedes Detail mit Bedacht entworfen. Jedes Element, von Terrakottaböden bis hin zu Wandteppichen, Möbeln, Keramik, und Düften ist maßgeschneidert, und trägt eine Geschichte in sich, in der die Nachhaltigkeitsverpflichtungen des Projekts eng mit dem Engagement zur Unterstützung der lokalen Gemeinschaft verwoben sind. Die Architektur des Hotels verkörpert ein Konzept von Barfuß-Luxus und Authentizität, das verschiedene Stile und Atmosphären integriert. Das Hauptgebäude hat ein modernes, minimalistisches Design während die Cabanas im Boho-Chic den Charme traditioneller Volksarchitektur versprühen. Das Kronjuwel des Hotels, ein restauriertes Herrenhaus, zeigt die klassische Ästhetik des 19. Jahrhunderts. Diese unterschiedlichen Konzepte ergänzen sich harmonisch und sind mit den terrassenförmig angelegten Gärten und dem weitläufigen Obstgarten aus Permakultur verbunden. Glitzernde Salzwasserpools verwandeln das Casa Mãe in eine Oase der Glückseligkeit mit dem Meer direkt vor der Haustür.

Ein Spaziergang offenbart die unwiderstehliche Anziehungskraft der malerischen Strände von Lagos., wo man segeln, oder einer Angeltour beiwohnen kann. Casa Mãe ist mit seinen unberührten Stränden der ideale Ausgangspunkt für Strandliebhaber, Segler und Surfer. Jenseits der goldenen Küste liegt der unberührte Naturpark der Costa Vicentina mit seinen Dünen, Sandstränden und Klippen. Hier kann man in die Energie und die Schönheit der atlantischen Natur eintauchen und Abenteuer erleben, die von den Kräften des pulsierenden Ozeans begleitet werden.

Im sonnendurchfluteten Ambiente von Casa Mãe, das von sanften Melodien und zarten Düften aus den Gärten erfüllt ist, klingt ein ewiger Sommer nach, der eine einzigartige Atmosphäre der Ruhe schafft. Ein geschätzter Zufluchtsort, der Gäste zur Rückkehr einlädt, noch einmal das süße Leben zu genießen, das in Casa Mãe aus einfachsten Freuden des Lebens besteht.

La fondatrice et propriétaire, Véronique Polaert, a méticuleusement examiné chaque aspect du design, en travaillant soigneusement chaque détail. Chaque élément, des sols en terre cuite à la tapisserie, en passant par les meubles, la céramique, les parfums et les soins de la peau, est sur mesure et porte un récit où les engagements de durabilité du projet sont intimement liés à son engagement à soutenir la communauté locale. L'architecture de l'hôtel incarne le luxe pieds nus et l'authenticité, intégrant différents styles et ambiances. Le bâtiment principal adopte un design minimaliste moderne du XXIe siècle, tandis que les cabanes boho-chic dégagent le charme de l'architecture vernaculaire traditionnelle. Le joyau de la couronne de l'hôtel, une maison de domaine restaurée, met en valeur l'esthétique classique du XIXe siècle. Ces conceptions distinctes se complètent harmonieusement, interconnectant les vastes jardins en terrasses et le vaste verger de permaculture. Des piscines d'eau salée scintillantes transforment Casa Mãe en un havre de paix avec l'océan et ses merveilles à la porte.

Marcher à l'extérieur de l'hôtel révèle l'attrait irrésistible des plages pittoresques de Lagos. A quelques encablures de la Marina, vous pourrez faire de la voile, du yachting ou rejoindre les locaux pour une excursion de pêche ! Casa Mãe, avec son éventail de plages splendides et immaculées, constitue la base idéale pour les amateurs de plage, les marins et les surfeurs passionnés. Au-delà de sa côte dorée se trouve le parc naturel intact de la Costa Vicentina avec ses dunes tentaculaires, ses plages de sable et ses falaises escarpées. Ici, on peut s'immerger dans l'énergie et la beauté préservée des grands espaces de l'Atlantique avec des aventures impressionnantes enveloppées par les forces magnifiques de l'océan vibrant.

Dans l'ambiance ensoleillée de Casa Mãe, imprégnée de douces mélodies et de parfums délicats des jardins, un été perpétuel s'attarde, créant une atmosphère de détente inégalée. Un sanctuaire chéri qui invite les clients à revenir, désireux de savourer une fois de plus cette douce vie que Casa Mãe embrasse, faite des joies les plus simples de la vie.

La fundadora y propietaria, Veronique Polaert, ha considerado meticulosamente cada aspecto del diseño, creando cuidadosamente cada detalle. Cada elemento, desde los suelos de terracota hasta los tapices, los muebles, las cerámicas, los aromas y los productos para el cuidado de la piel, es exclusivo y lleva una narrativa donde los compromisos de sostenibilidad del proyecto están intrincadamente tejidos en su dedicación para apoyar a la comunidad local. La arquitectura del hotel encarna el lujo descalzo y la autenticidad, integrando varios estilos y atmósferas. El edificio principal adopta un diseño moderno minimalista del siglo XXI, mientras que las cabañas boho-chic exudan el encanto de la arquitectura vernácula tradicional. La joya de la corona del hotel, una casa de campo restaurada, muestra una estética clásica del siglo XIX. Estos diseños distintos se complementan armoniosamente, interconectando los amplios jardines en terrazas y el extenso huerto de permacultura. Las relucientes piscinas de agua salada transforman Casa Mãe en un paraíso dichoso con el océano y sus maravillas a la puerta.

Al salir del hotel, se revela el irresistible atractivo de las pintorescas playas de Lagos. A poca distancia de la Marina, puedes navegar, hacer yachting o unirte a los lugareños en una excursión de pesca. Casa Mãe, con su variedad de espléndidas playas vírgenes, es el lugar ideal para los entusiastas de la playa, los navegantes y los apasionados del surf. Más allá de su costa dorada se encuentra el inexplorado parque natural de la Costa Vicentina, con sus extensas dunas, playas de arena y acantilados escarpados. Aquí uno puede sumergirse en la energía y la belleza intacta de los grandes espacios al aire libre del Atlántico con aventuras asombrosas rodeadas por las magníficas fuerzas del vibrante océano.

En el ambiente bañado por el sol de Casa Mãe, impregnado de melodías suaves y delicados aromas de los jardines, perdura un verano perpetuo, creando una atmósfera de relajación sin igual. Un santuario preciado que invita a los huéspedes a regresar, anhelando saborear una vez más esta dulce vida que Casa Mãe abraza, hecha de las alegrías más simples de la vida.

URBAN POSH BY THE SEA
EL LLORENÇ PARC DE LA MAR

& EL VICENÇ DE LA MAR
COASTAL CALM

When hanging out in Palma de Mallorca, one should take advantage to discover some hidden spots and stroll through the historical Calatrava district and Dalt Murada, which is the old Jewish district of Palma, where passing centuries and the Middle Ages seem to be present again. This used to be the working area of the town, with narrow medieval streets and typical craft shops, countless palaces and patios. But just a few steps across green lanes and shady palms, a long stretch of beach invites you to dip into the cooling Mediterranean Sea. Numerous Boutique Hotels have, therefore, recently opened their doors combining history and present with direct access to the sea. El Llorenç Parc de la Mar, a spectacular five-star luxury beachfront hotel situated on a quiet promenade opposite of a shady green parc, where Mallorca's Moorish reign is implemented in the design, is five minutes walking distance from the gothic Cathedral with its stained glass windows and murals and Palma's house beach.

Wenn man in Palma de Mallorca ist, sollte man einen Spaziergang durch das historische Calatrava-Viertel und Dalt Murada, das alte jüdische Viertel Palmas unternehmen, wo vergangenen Jahrhunderte und das Mittelalter wieder gegenwärtig zu sein scheinen. Früher war dies das Arbeitsviertel der Stadt, mit engen Gassen und typischen Handwerksläden, Palästen und Innenhöfen. Aber nur ein paar Schritte über grüne Wiesen und umgeben von schattigen Palmen, und schon lädt der Strand zum Eintauchen ins kühle Mittelmeer ein. Zahlreiche Boutique-Hotels haben daher in jüngster Zeit ihre Pforten geöffnet und verbinden Geschichte und Gegenwart mit direktem Zugang zum Meer. El Llorenç Parc de la Mar, ein spektakuläres Fünf-Sterne-Luxushotel, das an einer ruhigen Parkpromenade am Park mit Meerblick liegt, und in welchem die maurische Herrschaft Mallorcas im Design umgesetzt wurde, ist nur fünf Minuten von der gotischen Kathedrale mit ihren Glasfenstern und Wandmalereien und Palmas Hausstrand entfernt.

En flânant à Palma de Majorque, il faut en profiter pour découvrir quelques coins cachés et se promener dans le quartier historique de Calatrava et Dalt Murada, qui est l'ancien quartier juif de Palma, où les siècles passés et le Moyen Âge semblent revivre. C'était autrefois la zone de travail de la ville, avec ses rues médiévales étroites et ses boutiques d'artisanat typiques, ses innombrables palais et ses patios. Mais à quelques pas à travers les ruelles vertes et les palmiers ombragés, une longue plage vous invite à plonger dans la fraîcheur de la mer Méditerranée. De nombreux Boutique Hôtels ont récemment ouvert leurs portes, alliant histoire et modernité avec un accès direct à la mer. El Llorenç Parc de la Mar, un spectaculaire hôtel cinq étoiles de luxe en bord de mer situé sur une promenade tranquille en face d'un parc verdoyant ombragé, où le règne mauresque de Majorque est mis en valeur dans la conception, se trouve à cinq minutes à pied de la cathédrale gothique avec ses vitraux et ses peintures murales, ainsi que de la plage de la maison de Palma.

Cuando se está en Palma de Mallorca, hay que aprovechar para descubrir algunos rincones escondidos y pasear por el histórico barrio de Calatrava y Dalt Murada, que es el antiguo barrio judío de Palma, donde el paso de los siglos y la Edad Media parecen volver a estar presentes. Ésta era la zona obrera de la ciudad, con estrechas calles medievales y típicas tiendas de artesanía, innumerables palacios y patios. Pero a pocos pasos, a través de verdes callejuelas y sombreadas palmeras, un largo tramo de playa invita a zambullirse en el refrescante mar Mediterráneo. Por ello, numerosos hoteles Boutique han abierto recientemente sus puertas combinando historia y presente con acceso directo al mar. El Llorenç Parc de la Mar, un espectacular hotel de lujo de cinco estrellas en primera línea de playa situado en un tranquilo paseo marítimo frente a un sombreado parque verde, donde el reinado morisco de Mallorca está implementado en el diseño, se encuentra a cinco minutos a pie de la Catedral gótica con sus vidrieras y murales y de la propia playa de Palma.

EL LLORENÇ PARC DE LA MAR

Around the corner from Palma's historic hammams in Parc de la Mar, El Llorenç alters the medieval heritage of its location through an ultra-contemporary lens. The sophisticated entrance sets the tone already, celebrating Moorish influences. Renowned Swedish designer Magnus Ehrland echoed traditional Arabic design while using 27 geometric tiles in all versions of the Arabic star and adding botanical touches: local Santanyi stone pillars and Versailles-style parquet floors are playfully mixed with eccentric palm-print carpets, peacock seatings and feather headdresses. The 33 rooms are a charming mix of classic and modern design in creamy colour tones, come in different sizes and are located either facing two enchanting hotel patios or overlooking the ancient town allies of Calatrava. Photographs of Palma, an exotic green-tiled pool, gym, sauna, ice fountain, aromatic shower and hammam, provide natural well-being. At "DINS Santi Taura", the Michelin-starred island chef of the eponymous name deconstructs historic local dishes without forgetting their roots. Hedonistic guests and gourmet lovers alike can relish an experimental and unique gastronomic 11 steps tasting menu that exceeds all expectations. They can either interact at the bar with Santi, watching each prepared dish or enjoy a more intimate atmosphere at the table. Up in the sky, the sapphire infinity rooftop pool touches the sea and horizon, blurring the lines and allowing swimmers to immerse themselves in the seascape. Funky feathered aquamarine parasols, soft sun loungers and design furniture are positioned in a zingy watercolour spectrum of cooling colours with a chick cocktail bar serving snacks and drinks and the cosmopolitan concept restaurant Urbà, with preparations designed for sharing and combining local ingredients with international formats carried out by the head chef himself offers panoramic views across the capital. Right there, spire-height with La Seu Cathedral, it's all sky sun, and sea.

Neben Palmas historischen Hammams im Parc de la Mar gelegen, interpretiert das El Llorenç das mittelalterliche Erbe seines Standorts durch eine ultramoderne Linse. Schon der raffinierte Eingang betont maurische Einflüsse. Der renommierte schwedische Designer Magnus Ehrland hat traditionelles arabisches Design aufgegriffen und 27 geometrische Kacheln in Versionen des arabischen Sterns verwendet sowie botanische Akzente gesetzt: Säulen aus Santanyi-Stein und Parkettböden Versailles-Stil spielerisch gepaart mit exzentrischen Palmenmusterteppichen, Pfauensitzen und Federköpfen. Die 33 Zimmer sind ein Mix unterschiedlicher Größe aus klassischem und modernem Design in Cremetönen bieten entweder den Blick auf entzückende Patios oder Aussicht auf die Altstadt von Calatrava. Fotografien von Palma, ein exotischer, grün gefliester Pool, Gym, Sauna, Eisbrunnen, Aromadusche und Hammam sorgen für ein natürliches Wohlbefinden. Im „DINS Santi Taura" dekonstruiert der gleichnamige, mit einem Michelin-Stern ausgezeichnete Inselkoch historische lokale Gerichte, ohne dabei ihre Wurzeln zu vergessen. Hedonisten und Feinschmecker können ein experimentelles gastronomisches Degustationsmenü kosten, das alle Erwartungen übertrifft. Man kann entweder an der Bar mit Santi interagieren und bei der Zubereitung beiwohnen oder eine intime Atmosphäre am Tisch genießen. Der saphirfarbene Rooftop -Infinity-Pool lässt Grenzen verschwimmen, so dass Badegäste regelrecht in die Meereswelt abtauchen können. Gefiederte aquamarinfarbene Sonnenschirme, weiche Sonnenliegen und Designermöbel sind in spritzig grün-blauer Farbpalette gestaltet und die schicke Cocktailbar serviert Snacks und Drinks. Das kosmopolitische Concept-Restaurant Urbà bietet sharing plates unter Kombination lokaler Produkte mit internationalen Formaten, wird von Santi Taura selbst und seinem Team geführt und bietet einen Panoramablick auf Palma. Auf selber Höhe mit der Kathedrale gelegen, dreht sich hier alles nur um Himmel, Sonne und Meer.

Au coin des hammams historiques de Palma dans le Parc de la Mar, El Llorenç revisite l'héritage médiéval de son emplacement à travers une lentille ultra-contemporaine. L'entrée sophistiquée donne déjà le ton en célébrant les influences mauresques. Le célèbre designer suédois Magnus Ehrland a fait écho au design arabe traditionnel tout en utilisant 27 carreaux géométriques dans différentes versions de l'étoile arabe, ajoutant des touches botaniques : les piliers en pierre locale de Santanyi et les parquets de style Versailles sont mélangés de manière ludique avec des tapis excentriques imprimés de palmiers, des sièges en forme de paon et des coiffes en plumes. Les 33 chambres sont un charmant mélange de design classique et moderne dans des tons crémeux, de différentes tailles et sont situées soit face à deux charmants patios de l'hôtel, soit offrant une vue sur les anciennes villes alliées de Calatrava. Les photographies de Palma, la piscine aux carreaux verts exotiques, la salle de sport, le sauna, la fontaine de glace, la douche aromatique et le hammam procurent un bien-être naturel. Au « DINS Santi Taura », le chef étoilé de l'île au nom éponyme déconstruit les plats locaux historiques tout en conservant leurs racines. Les hôtes hédonistes et les amateurs de gastronomie peuvent savourer un menu de dégustation gastronomique expérimental et unique en 11 étapes qui dépasse toutes les attentes. Ils peuvent soit interagir au bar avec Santi, en regardant chaque plat être préparé, soit profiter d'une atmosphère plus intime à table. Sur le toit, la piscine à débordement en saphir touche la mer et l'horizon, brouillant les lignes et permettant aux nageurs de s'immerger dans le paysage marin. Des parasols aigue-marine à plumes funky, des chaises longues moelleuses et des meubles design sont positionnés dans un spectre aquarelle de couleurs rafraîchissantes avec un bar à cocktails servant des collations et des boissons, et le restaurant concept cosmopolite Urbà, avec des préparations conçues pour le partage et la combinaison d'ingrédients locaux avec des formats internationaux portés par le chef lui-même, offre une vue panoramique sur la capitale. Juste là, à hauteur de flèche avec la cathédrale de La Seu, tout est ciel, soleil et mer.

A la vuelta de la esquina de los históricos hammams de Palma en el Parc de la Mar, El Llorenç altera la herencia medieval de su ubicación a través de una lente ultra-contemporánea. La sofisticada entrada ya marca la pauta, celebrando las influencias moriscas. El renombrado diseñador sueco Magnus Ehrland se hizo eco del diseño árabe tradicional utilizando 27 baldosas geométricas en todas las versiones de la estrella árabe y añadiendo toques botánicos: pilares de piedra de Santanyí y suelos de parqué al estilo de Versalles se mezclan juguetonamente con excéntricas alfombras con estampados de palmeras, asientos de pavo real y tocados de plumas. Las 33 habitaciones son una encantadora mezcla de diseño clásico y moderno en tonos crema, vienen en diferentes tamaños y están situadas frente a dos encantadores patios del hotel o con vistas a los antiguos aliados de la ciudad de Calatrava. Fotografías de Palma, una exótica piscina de baldosas verdes, gimnasio, sauna, fuente de hielo, ducha aromática y hammam, proporcionan un bienestar natural. En el «DINS Santi Taura», el chef isleño del nombre homónimo, galardonado con una estrella Michelin, deconstruye platos locales históricos sin olvidar sus raíces. Tanto los huéspedes más hedonistas como los amantes de la buena mesa pueden saborear un menú degustación de 11 pasos, experimental y único en su género, que supera todas las expectativas. Pueden interactuar en la barra con Santi, observando cada plato preparado, o disfrutar de un ambiente más íntimo en la mesa. Arriba, en el cielo, la piscina infinita de zafiro de la azotea toca el mar y el horizonte, difuminando las líneas y permitiendo a los bañistas sumergirse en el paisaje marino. Divertidas sombrillas de plumas color aguamarina, mullidas tumbonas y mobiliario de diseño se colocan en una alegre acuarela de colores refrescantes, con un bar de cócteles que sirve aperitivos y bebidas, y el cosmopolita concepto de restaurante Urbà, con preparaciones pensadas para compartir y que combina ingredientes locales con formatos internacionales llevados a cabo por el propio jefe de cocina, ofrece vistas panorámicas de toda la capital. Allí mismo, a la altura de la catedral de La Seu, todo es cielo, sol y mar.

For those looking to de-stress on vacation or simply take a weekend off, there are a few hidden hotel gems worldwide to give you the desired treats. Waking up with the rising sun and the soothing sound of waves with uninterrupted views of the sapphire-coloured Mediterranean. Crystalline shallow waters and fine white sand surrounded by gigantic rock formations. In the far distance, amidst a few wooden fishermen's boats, a joyful family of dolphins, abundant marine life, and even turtles. El Vicenc de la Mar, the ultra-luxurious beach hotel in the lap of a small valley of Mallorca's North-West, offers much more than your everyday photo magic. It is nestled in the secluded, less populated Cala Molins, one of four cosy coves offering peace and tranquillity. Created by award-winning Swedish designer Magnus Ehrland, the mastermind behind the cosmopolitan sister property El Llorenç Parc de la Mar this hideaway balances a perfect interplay of airy design, holistic wellness and inspiring gastronomy.

Weltweit gibt es nur wenige Hotelperlen, die die erwünschten Genüsse zum Abschalten bieten. Morgens mit dem Klang von Wellen aufwachen und den freien Blick auf das saphirfarbene Mittelmeer genießen. Kristallklares Wasser und feiner weißer Sand, umgeben von gigantischen Felsformationen. In der Ferne, zwischen ein paar hölzerne Fischerbooten, eine muntere Familie von Delfinen, einer Fülle an Meeresfauna und sogar Wasserschildkröten. El Vicenç de la Mar, das ultra-luxuriöse Hotel im Schoss eines Tales im Nordwesten Mallorcas, bietet viel mehr als nur den alltäglichen Fotozauber. Es liegt in der abgelegenen, dünn besiedelten Cala Molins, einer von vier lauschigen Buchten, die Frieden und Ruhe bieten. Der preisgekrönte schwedische Designer Magnus Ehrland, das Mastermind hinter dem kosmopolitischen Schwesterhotel El Llorenç Parc de la Mar hat ein Refugium geschaffen, das ein perfektes Zusammenspiel von lässigem Design, ganzheitlichem Wellnessangebot und inspirierender Gastronomie bietet.

Pour ceux qui cherchent à se détendre en vacances ou simplement à passer un week-end agréable, il existe quelques joyaux hôteliers cachés dans le monde entier qui vous offriront toutes les douceurs que vous recherchez. Se réveiller avec le soleil levant et le bruit apaisant des vagues, tout en profitant d'une vue imprenable sur la Méditerranée couleur saphir. Des eaux cristallines peu profondes et du sable fin et blanc entourées de gigantesques formations rocheuses. Au loin, parmi quelques barques de pêcheurs en bois, vous pourrez apercevoir une joyeuse famille de dauphins, une vie marine abondante, voire même des tortues. El Vicenç de la Mar, l'hôtel de plage ultra-luxueux situé au creux d'une petite vallée du nord-ouest de Majorque, offre bien plus que ce que peuvent capturer les photos magiques au quotidien. Il est niché dans la Cala Molins isolée et peu fréquentée, l'une des quatre criques paisibles offrant paix et tranquillité. Conçu par le designer suédois primé Magnus Ehrland, le cerveau derrière la propriété sœur cosmopolite El Llorenç Parc de la Mar, ce refuge équilibre parfaitement le design aéré, le bien-être holistique et la gastronomie inspirante.

Para los que buscan desestresarse en vacaciones o simplemente tomarse un fin de semana libre, hay algunas joyas hoteleras escondidas por todo el mundo que le proporcionarán los caprichos deseados. Despertarse con el sol naciente y el relajante sonido de las olas con vistas ininterrumpidas del Mediterráneo color zafiro. Aguas cristalinas poco profundas y fina arena blanca rodeada de gigantescas formaciones rocosas. A lo lejos, entre algunas barcas de madera de pescadores, una alegre familia de delfines, abundante vida marina e incluso tortugas. El Vicenç de la Mar, el hotel de playa ultra lujoso situado en el regazo de un pequeño valle del noroeste de Mallorca, ofrece mucho más que la magia fotográfica de todos los días. Está enclavado en la aislada y menos poblada Cala Molins, una de las cuatro acogedoras calas que ofrecen paz y tranquilidad. Creado por el galardonado diseñador sueco Magnus Ehrland, artífice de la cosmopolita propiedad hermana El Llorenç Parc de la Mar, este refugio combina a la perfección un diseño diáfano, bienestar holístico y una gastronomía inspiradora.

EL VICENÇ DE LA MAR

With its several layers and stunning landscaped roofs, the white stone building alone is an architectural eye-catcher. Honouring the golden 50ies and 60ies of a bygone era, the design concept of El Vicenç de la Mar by Mallorca Ç Collection combines breath-taking nature through natural stone walls and plants with laid-back, elegant and luxurious furnishings. 30 light-filled rooms and suites with partly private terraces, jacuzzies and pools in a marine, turquoise and creamy colour range, invite you to a relaxed stay with its glazed green-tiled bathrooms adding to the fresh touch and reflecting the luminosity of the sea. The brand is also fighting against single-use plastic with new organic toiletry containers. The rooftop with a romantic outdoor dining area covered by a pergola and views to the cove and sea boasts a pool, two outdoor showers, comfortable day beds and loungers and contemporary design seating. Cool cocktails served at the pool bar all day can be enjoyed with little tapas and snacks. The island's most celebrated Michelin Star Chef, Santi Taura, known for his Palma- based restaurant DINS Santi Taura and his modern interpretations of ancient Mallorcan cuisine, has infused his culinary talents at both the fine-dining Restaurant El Vicenç, offering an experimental and innovative tasting menu or a surprising à la carte dining and at the classic island eatery U Mayol on the ground floor with its shaded terrace. The ultimate mood-altering experience, however, is the incredible spa and wellness area where all kinds of facilities come together to push you gently into your personal zen mode and channel the healing power of water. From steam bath and sauna, a whirlpool, cold plunge pool and heated lap-pool, scented rain showers, an ice fountain and a japanese garden to relaxing and energizing body treatments, it's all there! Plus a 24h fitness and bike centre to secure your two-wheeler. El Vicenç is an oasis of calm beyond imagination. Arrive, breathe and relax!

Das weiße Steingebäude allein ist mit seinen mehrfach geschichteten Ebenen und beeindruckenden Dachbepflanzung ein architektonischer Blickfang. Als Hommage an die goldenen 50er und 60er Jahre einer vergangenen Ära verbindet das Designkonzept des El Vicenç de la Mar die atemberaubende Natur durch Natursteinmauern und Pflanzen mit einer eleganten und luxuriösen Einrichtung. 30 lichtdurchflutete Zimmer und Suiten, teils mit privaten Terrassen, Jacuzzis und Pools in maritimen Farbtönen laden zu einem entspannten Aufenthalt ein, wobei grünglasierte Kacheln in den Bädern für einen frischen Touch sorgen. Außerdem engagiert sich das Hotel mit Mehrfachbehältern gegen Einwegartikel. Die Dachterrasse mit einem romantischen, von einer Pergola überdachten Essbereich und Blick auf die Bucht und das Meer verfügt über einen Pool, zwei Außenduschen und bequeme Liegen im modernen Design. An der Poolbar werden Tapas und kühle Cocktails serviert. Der berühmteste Sternekoch der Insel, Santi Taura, bekannt für sein Restaurant DINS Santi Taura in Palma und seine modernen Interpretationen traditioneller mallorquinischer Küche, hat sein kulinarisches Talent im klassischen Restaurant U Mayol im Erdgeschoss mit schattiger Terrasse und im Fine-Dining-Restaurant El Vicenç miteingebracht, das sowohl ein experimentelles und innovatives Degustationsmenü als auch ein überraschendes À-la-carte-Erlebnis bietet. Das ultimative stimmungsaufhellende Erlebnis jedoch ist der Spa- und Wellnessbereich, wo der Gast durch die heilende Kraft des Wassers sanft in seinen persönlichen Zen-Modus versetzt wird. Dampfbad und Sauna, Whirlpool, ein kaltes Tauchbecken und einen beheizten Pool, duftende Erlebnisduschen und einen Eisbrunnen bis hin zu entspannenden und energiespendenden Körperbehandlungen, alles ist da! Außerdem gibt es einen 24-Stunden-Fitnessraum und ein Radzentrum, in dem man sein Fahrrad sicher unterbringen kann. El Vicenç ist eine Oase der Ruhe jenseits aller Vorstellungen. Ankommen, aufatmen und entspannen!

Avec ses multiples niveaux et ses superbes toits paysagers, le bâtiment en pierre blanche est à lui seul un accroche-regard architectural. En rendant hommage aux années dorées des années 50 et 60, le concept de design d'El Vicenç de la Mar by Mallorca Ç Collection associe la beauté époustouflante de la nature avec des murs en pierre naturelle et des plantes à un mobilier décontracté, élégant et luxueux. Les 30 chambres et suites lumineuses, dotées de terrasses en partie privatives, de jacuzzis et de piscines, dans une palette de couleurs marine, turquoise et crème, vous invitent à un séjour relaxant, avec des salles de bains aux carreaux verts vitrifiés qui ajoutent une touche de fraîcheur et reflètent la luminosité de la mer. La marque lutte également contre le plastique à usage unique avec l'utilisation de nouveaux contenants de toilette bio. Le toit, avec une salle à manger extérieure romantique couverte par une pergola et offrant une vue sur la crique et la mer, dispose d'une piscine, de deux douches extérieures, de lits de jour confortables et de chaises longues au design contemporain. Des cocktails frais, servis au bar de la piscine toute la journée, peuvent être dégustés avec de petites tapas et des collations. Le chef étoilé Michelin le plus célèbre de l'île, Santi Taura, connu pour son restaurant DINS Santi Taura basé à Palma et ses interprétations modernes de l'ancienne cuisine majorquine, a insufflé son talent culinaire au restaurant gastronomique El Vicenç, offrant un menu dégustation expérimental et innovant ou des repas à la carte surprenants, ainsi qu'au restaurant insulaire classique U Mayol, situé au rez-de-chaussée avec sa terrasse ombragée. L'expérience ultime pour changer d'humeur, cependant, est l'incroyable espace spa et bien-être, où toutes sortes d'installations sont réunies pour vous plonger en douceur dans votre propre mode zen personnel et canaliser le pouvoir de guérison de l'eau. Du bain de vapeur et du sauna au bain à remous, en passant par la piscine froide et la piscine chauffée, les douches à effet pluie parfumées, la fontaine de glace et le jardin japonais, sans oublier les soins corporels relaxants et énergisants, tout est là ! Il y a également un centre de remise en forme et de vélo ouvert 24h/24 pour ceux qui souhaitent profiter de leurs deux roues. El Vicenç est une oasis de calme au-delà de l'imagination. Arrivez, respirez et détendez-vous !

Con sus varias capas y sus impresionantes tejados ajardinados, el edificio de piedra blanca es por sí solo un reclamo arquitectónico. Haciendo honor a los dorados años 50 y 60 de una época pasada, el concepto de diseño de El Vicenç de la Mar by Mallorca Ç Collection combina una naturaleza impresionante a través de paredes de piedra natural y plantas con un mobiliario relajado, elegante y lujoso. 30 habitaciones y suites llenas de luz con terrazas parcialmente privadas, jacuzzis y piscinas en una gama de colores marinos, turquesas y cremas, invitan a una estancia relajada con sus baños de azulejos verdes acristalados que añaden un toque fresco y reflejan la luminosidad del mar. La marca también lucha contra el plástico de un solo uso con nuevos envases de aseo ecológicos. La azotea, con una romántica zona de comedor al aire libre cubierta por una pérgola y vistas a la cala y al mar, cuenta con una piscina, dos duchas exteriores, cómodas tumbonas y asientos de diseño contemporáneo. En el bar de la piscina se sirven refrescantes cócteles durante todo el día que se pueden acompañar con pequeñas tapas y aperitivos. El chef con estrella Michelin más famoso de la isla, Santi Taura, conocido por su restaurante de Palma DINS Santi Taura y sus modernas interpretaciones de la antigua cocina mallorquina, ha infundido su talento culinario tanto en el restaurante de alta cocina El Vicenç, que ofrece un menú degustación experimental e innovador o una sorprendente cena a la carta, como en el clásico restaurante isleño U Mayol, en la planta baja, con su terraza a la sombra. Sin embargo, la experiencia definitiva para alterar el estado de ánimo es la increíble zona de spa, donde todo tipo de instalaciones se unen para empujarle suavemente a su modo zen personal y canalizar el poder curativo del agua. Desde un baño de vapor y sauna, una bañera de hidromasaje, piscina fría y piscina climatizada, duchas de lluvia perfumadas, una fuente de hielo y un jardín japonés hasta tratamientos corporales relajantes y energizantes, ¡todo está aquí! Además de un gimnasio abierto las 24 h. y un centro de bicicletas para guardar su vehículo de dos ruedas. El Vicenç es un oasis de calma inimaginable. Llegue, respire y relájese.

VIEW TO THE BLUE
ES BLAU DES NORD
MALLORCA

Imagine a wild beach in a pristine landscape dotted with shells and pebbles, dunes as far as the eyes can see and the crystal-coloured waters of the Mediterranean at your feet. A surfer's paradise. A bird sanctuary and wildlife refuge. The booted eagle, peregrine falcon, Audouin's gull and red kite nest here. Wildlife includes turtles, hedgehogs, pine martens and genet populations. This is where Es Blau des Nord, the hotel gem of Mallorca's North, is hidden. The building is ideally situated on a rock with direct access to the water and just a short walk to the beach of Barranc Sa de Canova. Charming coastal hamlets such as Son Serra de Marina or Colonia de Sant Pere can be reached by foot. Supported by the Bosch-Aymerich Foundation, which aims, among others, to promote study and creative work in the fields of architecture and urbanism, the former residential buildings have been transformed into a charming design hotel.

Wilder Sandstrand, Muscheln und Kieselsteine, sanfte Dünen, soweit das Auge reicht, und das kristallklare Wasser des Mittelmeers direkt vor den Füßen. Ein Surferparadies. Ein Vogelschutzgebiet und Refugium für Wildtiere. Nistplatz für Zwergadler, Wanderfalke, Audouin-Möwe und Rotmilan. Zu den Wildtieren gehören Schildkröten, Igel, Baummarder und Ginsterkatzen. Hier versteckt sich Es Blau des Nord, eines der Juwelen von Mallorcas Norden. Das Gebäude befindet sich in idealer Lage auf einem Felsen mit direktem Zugang zum Wasser und nah am Strand von Barranc Sa de Canova. Charmante Küstenorte wie Son Serra de Marina und Colonia de Sant Pere sind zu Fuß zu erreichen. Mit Unterstützung der Bosch-Aymerich-Stiftung, die unter anderem darauf zielt, Studien und kreatives Schaffen in den Bereichen Architektur und Städtebau zu fördern, wurden die ehemaligen Wohnhäuser in ein charmantes Design-Hotel umgewandelt.

Imaginez une plage sauvage, nichée dans un paysage vierge, parsemé de coquillages et de galets, avec des dunes à perte de vue et les eaux cristallines de la Méditerranée à vos pieds. Un véritable paradis pour les surfeurs, un sanctuaire pour les oiseaux et un refuge pour la faune. Des espèces telles que l'aigle botté, le faucon pèlerin, la mouette d'Audouin et le milan royal y trouvent leur nid. Vous pourrez également y observer des tortues, des hérissons, des martres des pins et des genettes. C'est dans cet environnement enchanteur qu'Es Blau des Nord se cache, le joyau hôtelier du nord de Majorque. Idéalement situé sur un rocher avec un accès direct à l'eau et à quelques pas de la plage de Barranc Sa de Canova, l'hôtel offre un cadre paisible. Vous pourrez également vous rendre à pied dans de charmants hameaux côtiers tels que Son Serra de Marina ou Colonia de Sant Pere. Soutenu par la Fondation Bosch-Aymerich, qui encourage l'architecture et l'urbanisme, les anciens immeubles résidentiels ont été transformés en un hôtel au design de charme.

Imagine una playa salvaje en un paisaje virgen salpicado de conchas y guijarros, dunas hasta donde alcanza la vista y las aguas cristalinas del Mediterráneo a sus pies. Un paraíso para los surfistas. Un santuario de aves y un refugio de vida salvaje. Aquí anidan el águila calzada, el halcón peregrino, la gaviota de Audouin y el ilano real. La fauna silvestre incluye tortugas, erizos, martas de los pinos y poblaciones de gineta. Aquí se esconde Es Blau des Nord, la joya hotelera del norte de Mallorca. El edificio está idealmente situado sobre una roca con acceso directo al agua y a un corto paseo de la playa de Barranc Sa de Canova. A pie se puede llegar a encantadoras aldeas costeras como Son Serra de Marina o Colonia de Sant Pere. Con el apoyo de la Fundación Bosch-Aymerich, cuyo objetivo es, entre otros, promover el estudio y el trabajo creativo en los campos de la arquitectura y el urbanismo, los antiguos edificios residenciales se han transformado en un encantador hotel de diseño.

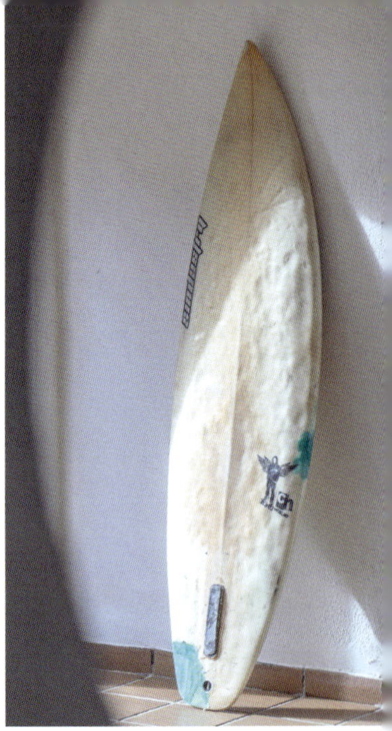

The vast interior space receives with an abundance of natural materials, textures and earthy colours with a unique aesthetic that manages to engage all senses beyond the visual, adding to the importance of well-being. One of the foundation's objectives is to promote art and local producers. Es Blau des Nord, therefore, has collaborated on the interiors with numerous local artisans of Mallorca, such as Studio Jaia, run by founder Anna Lena Kortmann, who learned the ancient weaving tradition on the island by observing elderly islanders creating marvellous pieces. Honouring sustainability principles, she designed the comfortable backrests of the built-in benches in the restaurant area and created also a stunning hand-woven hanging mural. Paparkone is another design and pottery studio based in Palma. Ceramist Roberto Paparkone believes in slow design and produced unique pieces for the hotel, which has become an exhibition space with handcrafted work in its own rights. As a real purpose hotel, all benefits are addressed to the foundation's social, educational and cultural projects supporting the surrounding area and local communities with the future desire to extend their actions across the island. Guests can relax in shady courtyars, on canvas sun loungers under pergolas in the blooming gardens, swim in the infinitive freshwater pool, or choose the sea. The food concept of the hotel is based on quality and local products from the island only, respecting the foundation's values and purpose. The generously furnished sea view or garden rooms come with smooth white cotton bedsheets to follow the desire of guests to feel remote and separate from the chaos of their urban life and to ensure a calm sleep by the sea.

Das weitläufige Interieur des Hauses empfängt Gäste mit einer Fülle sorgfältig ausgewählter natürlicher Materialien, Texturen und erdiger Farben in einer einzigartigen Ästhetik, die über das Visuelle hinaus alle Sinne anspricht und zum Wohlbefinden beiträgt. Eines der Ziele der Stiftung ist es, Kunst und lokale Produzenten zu fördern und das Hotel als Ausstellungsort zu nutzen. Es Blau des Nord hat daher bei der Inneneinrichtung mit einigen lokalen Kunsthandwerker-innen der Insel zusammengearbeitet, wie z. B. mit Anna Lena Kortmann, Gründerin von Studio Jaia. Sie hat die alte Tradition des Webens erlernt, indem sie Inselbewohnern bei der Herstellung ihrer wunderbaren Stücke über die Schulter schaute. Den Prinzipien der Nachhaltigkeit folgend entwarf sie die Rückenlehnen der Einbaubänke und erstellte ein handgewebte hängende Wandarbeit. Paparkone ist ein weiteres Design- und Töpferstudio in Palma. Keramiker Roberto Paparkone glaubt an slow design und erstellte Keramikunikate für das Hotel. Als wahres zweckgebundenes Hotel fließen alle Gewinne in soziale, pädagogische und kulturelle Projekte der Stiftung, die die Region und lokale Gemeinden unterstützen mit dem Wunsch, diese Aktionen in Zukunft inselweit auszubauen. Gäste können sich in Patios, auf Segeltuchliegestühlen, und in den blühenden Gärten unter Pergolen entspannen, im Süßwasserpool schwimmen oder das Meer wählen. Die Speisekarte basiert auf Qualität, Frische, lokalen und saisonalen Inselprodukten, um die Werte und den Zweck der Stiftung zu respektieren. Zimmer mit Meerblick oder Gartenblick sind mit weißer Baumwollbettwäsche ausgestattet, entsprechen dem Wunsch nach Abgeschiedenheit vom Chaos des Stadtlebens und garantieren einen ruhigen Schlaf am Meer.

39°43'57.8"N
3°15'30.4"E

L'espace intérieur spacieux se caractérise par l'utilisation abondante de matériaux naturels, de textures et de couleurs terreuses, créant une esthétique unique qui engage tous les sens au-delà du visuel, favorisant ainsi le bien-être des visiteurs. Es Blau des Nord a collaboré avec de nombreux artisans locaux de Majorque pour concevoir ses intérieurs, respectant ainsi les principes de durabilité. Le Studio Jaia, dirigé par Anna Lena Kortmann, a contribué avec ses créations artisanales, notamment des dossiers confortables des bancs intégrés dans la zone du restaurant et une superbe murale suspendue tissée à la main. Le studio de design et de poterie Paparkone, dirigé par le céramiste Roberto Paparkone, a également créé des pièces uniques pour l'hôtel, qui sont devenues un véritable espace d'exposition artisanale. Es Blau des Nord n'est pas seulement un hôtel, mais aussi un lieu à vocation sociale. Tous les bénéfices sont reversés aux projets sociaux, éducatifs et culturels de la fondation, soutenant ainsi la région environnante et les communautés locales. L'hôtel a pour ambition d'étendre ses actions à travers toute l'île à l'avenir. Pour se détendre, les clients pourront profiter des cours ombragées, des chaises longues sous des pergolas dans les jardins fleuris, nager dans la piscine d'eau douce à débordement ou choisir de plonger dans la mer. Le concept alimentaire de l'hôtel repose sur des produits de qualité et locaux de l'île, en adéquation avec les valeurs et la raison d'être de la fondation. Les chambres, généreusement meublées, offrent des vues sur la mer ou sur le jardin et sont équipées de draps en coton blanc lisse, permettant ainsi aux clients de se sentir éloignés du chaos de leur vie urbaine et de profiter d'un sommeil paisible au bord de la mer. Es Blau des Nord est véritablement un havre de paix pour les amoureux de la nature et de la tranquillité.

El amplio espacio interior recibe con abundancia de materiales naturales, texturas y colores terrosos con una estética única que consigue involucrar todos los sentidos más allá del visual, añadiendo importancia al bienestar. Uno de los objetivos de la fundación es promover el arte y los productores locales. Por ello, Es Blau des Nord ha colaborado en los interiores con numerosos artesanos locales de Mallorca, como Studio Jaia, dirigido por su fundadora Anna Lena Kortmann, que aprendió la antigua tradición tejedora de la isla observando a los ancianos isleños crear maravillosas piezas. Respetando los principios de sostenibilidad, diseñó los cómodos respaldos de los bancos empotrados de la zona del restaurante y creó también un impresionante mural colgante tejido a mano. Paparkone es otro estudio de diseño y cerámica con sede en Palma. El ceramista Roberto Paparkone cree en el diseño lento y produjo piezas únicas para el hotel, que se ha convertido en un espacio de exposición con obras artesanales por derecho propio. Como hotel con fines reales, todos los beneficios se destinan a los proyectos sociales, educativos y culturales de la fundación que apoyan a los alrededores y a las comunidades locales, con el deseo futuro de extender sus acciones por toda la isla. Los huéspedes pueden relajarse en los sombreados patios, en las tumbonas de lona bajo las pérgolas de los florecientes jardines, nadar en la piscina infinita de agua dulce o elegir el mar. El concepto gastronómico del hotel se basa exclusivamente en la calidad y los productos locales de la isla, respetando los valores y el propósito de la fundación. Las habitaciones con vistas al mar o al jardín, generosamente amuebladas, cuentan con suaves sábanas de algodón blanco para seguir el deseo de los huéspedes de sentirse alejados y separados del caos de su vida urbana y garantizar un sueño tranquilo junto al mar.

COOL WAVES AND WARM GRACE

GRAND HOTEL HEILIGENDAMM

The sound of the sea, villas named "pearl necklace", gentle dune hills full of beach grass and dune roses, crystal-clear, humid air and the energising waters of the Baltic Sea framed by rose-coloured beech forests. Light and shadow play on dense foliage. Vastness. Every breath of Baltic Sea air has a beneficial effect on the lungs, skin and immune system. It strengthens. And heals. Felix Mendelssohn Bartholdy, Rainer Maria Rilke. They loved this oasis with its sophisticated beach promenade, also called the "White City by the Sea"; because of its classicist buildings. A harmonious ambience for the Grand Hotel Heiligendamm, in the middle of Germany´s oldest seaside resort. An elegant ensemble of historic bathing and lodging houses shining on the Mecklenburg coast, where wellness, culinary delights, art and culture are celebrated. As one of the most exclusive addresses on the Baltic Sea, the house welcomes guests with charm, discreet luxury and nostalgia and provides space for tranquillity.

Meeresrauschen, Villen mit dem klingendem Namen Perlenkette, sanfte Dünenhügel voll Strandhafer und Dünenrosen, kristallklare, feuchte Luft und das energiespendende Wasser der Ostsee gerahmt von roséfarbenen Buchenwäldern. Licht und Schattenspiele auf dichtem Blattwerk. Weite. Jeder Atemzug der Ostseeluft hat einen wohltuenden Effekt auf Lunge, Haut und Immunsystem. Er schenkt Kraft. Und heilt. Felix Mendelssohn Bartholdy, Rainer Maria Rilke. Sie liebten diese Oase mit mondäner Strandpromenade, die durch seine klassizistischen Bauten auch als „Weiße Stadt am Meer" bezeichnet wird. Ein harmonisches Ambiente für das Grand Hotel Heiligendamm inmitten des ältesten Seebad Deutschlands. An der Mecklenburger Küste erstrahlt ein elegantes Ensemble aus historischen Bade- und Logierhäusern, wo Wellness, Kulinarik, Kunst und Kultur zelebriert werden. Als eine der exklusivsten Adressen an der Ostsee empfängt das Haus mit Charme, dezentem Luxus und Nostalgie und schenkt Raum für Ruhe.

Le bruit apaisant de la mer Baltique, les villas au nom évocateur de « collier de perles », les douces collines dunaires recouvertes d'herbe de plage et de roses des dunes, et l'air cristallin et humide qui vous entoure, tout cela crée une oasis de bien-être. Cet endroit magique est connu sous le nom de « White City by the Sea » en raison de ses bâtiments classiques élégants. Bienvenue au Grand Hotel Heiligendamm, situé au cœur de la plus ancienne station balnéaire d'Allemagne. Cet ensemble élégant de maisons de bains et d'hébergement historiques brille sur la côte du Mecklembourg, offrant une atmosphère harmonieuse où le bien-être, les délices culinaires, l'art et la culture sont célébrés. Le Grand Hotel Heiligendamm est une adresse exclusive de la mer Baltique qui accueille ses hôtes avec charme, luxe discret et nostalgie, offrant ainsi un espace de tranquillité.

El sonido del mar, villas llamadas «collar de perlas», suaves colinas de dunas llenas de hierba de playa y rosas de duna, aire cristalino y húmedo y las energizantes aguas del mar Báltico enmarcadas por hayedos de color rosa. Juegos de luces y sombras sobre el denso follaje. Vastedad. Cada bocanada de aire del mar Báltico tiene un efecto beneficioso sobre los pulmones, la piel y el sistema inmunitario. Fortalece. Y cura. Felix Mendelssohn Bartholdy, Rainer Maria Rilke. Les encantó este oasis con su sofisticado paseo marítimo, también llamado la Ciudad Blanca junto al Mar; por sus edificios clasicistas. Un ambiente armonioso para el Grand Hotel Heiligendamm, en medio de la estación balnearia más antigua de Alemania. Un elegante conjunto de casas de baño y alojamiento históricas que brillan en la costa de Mecklemburgo, donde se celebran el bienestar, las delicias culinarias, el arte y la cultura. Como una de las direcciones más exclusivas del Mar Báltico, la casa recibe a sus huéspedes con encanto, lujo discreto y nostalgia, y ofrece espacio para la tranquilidad.

Meadows and fields pass by the window in the soft morning light. Puffing and huffing, Molli, the first and oldest seaside train on the Baltic coast, makes its way from Bad Doberan via Heiligendamm to Kühlungsborn. An adventure for guests who love a nostalgic journey. The Grand Hotel Heiligendamm, fabulously situated between the sea and magnificent beech forests, offers the best of both worlds. The beautiful architecture of the seven buildings in a natural landscape has an impressive yet restrained effect. The historic Kurhaus, with its imposing ballroom and star cuisine in the Friedrich Franz, Haus Mecklenburg as well as the Severin Palais, the Orangerie, the Haus Grand Hotel as the reception house, the Hohenzollern Castle and the cheerful Kindervilla form a glamorous ensemble with a view of the pier and beach, waves and water. The spacious Spa & Sports with outdoor and indoor pool, fitness room and stylish wellness rooms promises relaxation at the highest level. In the heated outdoor pool, you swim under flowering treetops with the rushing waves of the Baltic Sea as a musical background. The house scores with top culinary quality, like the gourmet cuisine of star chef Ronny Siewert: "I question the preparation of my dishes and make sure that each plate has its own independence." However, there is also honest regional cuisine, delicate sushi by Korean luminary Myunghyo Suchochleb, patisserie creations or tapas in the classic Nelson Bar. Lovers and romantics can enjoy a beach chair dinner under chilling beach bar beats as they glide into the idyllic sunset. Offering guests peace and quiet is one of the hotel's primary concerns. Whether in the tower suite with a far-reaching view or the magnificent beach suites, in open Orangerie apartments or the quiet double rooms - deep sleep is guaranteed. A luxurious retreat to rediscover senses, balance and centre, and let go.

Am Fenster ziehen Wiesen und Felder im weichen Morgenlicht vorbei. Schnaufend und prustend bahnt sich Molli, die erste und älteste Bäderbahn der Ostseeküste den Weg von Bad Doberan über Heiligendamm bis Kühlungsborn. Ein Abenteuer für Gäste, die eine nostalgische Anreise lieben. Das Grand Hotel Heiligendamm, märchenhaft zwischen Meer und prachtvollen Buchenwäldern gelegen, bietet das Beste aus zwei Welten. Die hinreißende Architektur der sieben Gebäude in naturbelassener Landschaft wirkt beeindruckend, dennoch zurückhaltend. Das historische Kurhaus mit seinem imposanten Ballsaal und Sterneküche im Friedrich Franz, Haus Mecklenburg wie auch das Severin Palais, die Orangerie, das Haus Grand Hotel als Empfangshaus, die Burg Hohenzollern und die fröhliche Kindervilla bilden ein glanzvolles Ensemble mit Blick auf Seebrücke und Strand, Wellen und Wasser. Der großzügige Spa & Sports mit Außen- und Innenpool, Fitnessraum und stilvollen Wellnessräumen verspricht Erholung auf höchstem Niveau. Im beheiztem Außenpool schwimmt man unter blühenden Baumkronen mit rauschenden Wellen der Ostsee als musische Untermalung. Das Haus punktet mit kulinarischer Spitzenqualität wie der Feinschmeckerküche von Sternekoch Ronny Siewert: „Ich hinterfrage die Zubereitung meiner Gerichte und achte darauf, dass jeder Teller seine Eigenständigkeit hat." Es gibt jedoch auch ehrliche Regionalküche, feines Sushi der koreanischen Koryphäe Myunghyo Suchochleb, Patisserie-Kreationen oder Tapas in der klassischen Nelson Bar. Verliebte und Romantiker können sich bei einem Strandkorbdinner unter chilligen Beach Bar Beats in den idyllischen Sonnenuntergang gleiten lassen. Dem Gast Ruhe zu bieten, ist eines der Hauptanliegen des Hauses. Ob in der Turmsuite mit Weitblick oder den herrlichen Strandsuiten, in offenen Orangerie-Appartements oder den stillen Doppelzimmern – tiefer Schlaf ist garantiert. Ein luxuriöses Refugium, um Sinne neu zu entdecken, Balance und Mitte wiederzufinden und loszulassen.

Pour les amoureux d'aventures nostalgiques, le train de bord de mer Molli est une expérience inoubliable. Il parcourt le trajet de Bad Doberan à Kühlungsborn en passant par Heiligendamm, offrant une vue magnifique sur les prairies et les champs dans la douce lumière du matin. L'architecture magnifique des sept bâtiments du Grand Hotel Heiligendamm s'intègre parfaitement dans le paysage naturel, créant un effet impressionnant mais sobre. Les différents édifices, tels que le Kurhaus historique avec sa salle de bal imposante et la cuisine étoilée du Friedrich Franz, le Haus Mecklenburg, le Palais Severin, l'Orangerie, le Haus Grand Hotel en tant que maison de réception, le château de Hohenzollern et la joyeuse Kindervilla, forment un ensemble glamour avec vue sur la jetée, la plage, les vagues et l'eau. Le Grand Hotel Heiligendamm propose également un spa spacieux et des installations sportives, dont une piscine extérieure et intérieure, une salle de fitness et des salles de bien-être élégantes pour une détente au plus haut niveau. Vous pourrez nager dans la piscine extérieure chauffée sous les arbres en fleurs, au son des vagues déferlantes de la mer Baltique. La gastronomie de l'hôtel est également d'un niveau exceptionnel. Le chef étoilé Ronny Siewert propose une cuisine gastronomique innovante et créative, tandis que des créations de pâtisserie, des sushis délicats de la sommité coréenne Myunghyo Suchochleb, et des tapas dans le classique Nelson Bar viennent compléter l'offre culinaire. Les chambres du Grand Hotel Heiligendamm, qu'il s'agisse des suites de la tour avec vue dégagée, des magnifiques suites de plage, des appartements ouverts de l'Orangerie ou des chambres doubles calmes, offrent toutes un sommeil profond et un cadre luxueux pour se ressourcer, retrouver l'équilibre et se détendre pleinement. L'hôtel s'engage à offrir à ses clients calme et tranquillité, faisant de leur séjour une expérience inoubliable.

Prados y campos pasan junto a la ventana a la suave luz de la mañana. Resoplando y resoplando, Molli, el primer y más antiguo tren marítimo de la costa báltica, hace su recorrido desde Bad Doberan pasando por Heiligendamm hasta Kühlungsborn. Una aventura para los huéspedes amantes de los viajes nostálgicos. El Grand Hotel Heiligendamm, fabulosamente situado entre el mar y magníficos bosques de hayas, ofrece lo mejor de ambos mundos. La bella arquitectura de los siete edificios en un paisaje natural tiene un efecto impresionante a la vez que sobrio. El histórico Kurhaus, con su imponente salón de baile y su cocina de estrellas en el Friedrich Franz, el Haus Mecklenburg, así como el Severin Palais, la Orangerie, el Haus Grand Hotel como casa de recepciones, el castillo Hohenzollern y el alegre Kindervilla forman un glamuroso conjunto con vistas al muelle y a la playa, a las olas y al agua. El amplio Spa & Sports con piscina exterior e interior, sala de fitness y elegantes salas de bienestar promete relajación al más alto nivel. En la piscina exterior climatizada, podrá nadar bajo las copas de los árboles en flor con las olas del mar Báltico como fondo musical. La casa destaca por su alta calidad culinaria, como la cocina gourmet del chef estrella Ronny Siewert: «Cuestiono la preparación de mis platos y me aseguro de que cada plato tenga su propia independencia». Pero también hay cocina regional honesta, delicado sushi de la coreana Myunghyo Suchochleb, creaciones de pastelería o tapas en el clásico Nelson Bar. Los enamorados y románticos pueden disfrutar de una cena en una silla de playa bajo los ritmos escalofriantes del chiringuito mientras se deslizan hacia la idílica puesta de sol. Ofrecer a los huéspedes paz y tranquilidad es una de las principales preocupaciones del hotel. Ya sea en la suite de la torre con vistas panorámicas o en las magníficas suites de la playa, en los apartamentos abiertos de la Orangerie o en las tranquilas habitaciones dobles, el sueño profundo está garantizado. Un retiro de lujo para redescubrir los sentidos, el equilibrio y el centro, y dejarse llevar.

ATLANTIC ELEGANCE
HÔTEL CAFÉ DE PARIS
BIARRITZ

Nestled in a rocky bay on the Basque coast of the Atlantic Oceans, Biarritz, a windy, sought-after sea bath and a hot spot for surfers, water lovers and sun worshippers in Southwestern France, has its own magic and is famous for its relaxed, avant-garde and free-spirited lifestyle, excellent cuisine and stunning beaches. Iodized air, gigantic waves, and the everlasting sound of combers crashing against the cliffs embrace immediately. Perched right on the dramatic waterfront, the elegant Hôtel Café de Paris, designed by acclaimed French Interior Architecture Maison Sarah Lavoine, reflects these bohemian vibes. Illuminated in a marine colour palette of cobalt, azure, turquoise and the iconic "Bleu Sarah" the four star luxury hotel is a reminiscence to a bygone era of sophisticated, recreational seaside resorts with a fresh, frenchy twist, and just a few footsteps to the sandy golden "Grande Plage".

Biarritz, eingebettet in einer felsigen Bucht der baskischen Atlantikküste im Südwesten Frankreichs ist ein begehrtes Seebad für Surfer, Wasserratten und Sonnenanbeter. Ihm wohnt sein eigener Zauber inne, der für entspannten, avantgardistischen und freigeistigen Lebensstil, seine ausgezeichnete Küche und seine atemberaubenden Strände steht. Die jodhaltige Luft, die gigantischen Wellen und das unaufhörliche Plätschern der an die Klippen prallenden Kämme. Ziehen einen sofort in ihren Bann. Das direkt am Wasser gelegene Hôtel Café de Paris, das vom renommierten französischen Innenarchitekturbüro Maison Sarah Lavoine entworfen wurde, spiegelt diese unkonventionelle Atmosphäre wider. Das Vier-Sterne-Luxushotel, das in einer maritimen Farbpalette wie Kobalt, Azur und Türkis sowie des ikonischen „Bleu Sarah" gestaltet wurde, ist eine Reminiszenz an eine vergangene Ära mondäner Seebäder mit einem frischen, französischen Twist und nur wenige Schritte vom goldenen Sandstrand „La Grande Plage" entfernt.

Nichée dans une baie rocheuse sur la côte basque de l'océan Atlantique, Biarritz, un bain de mer venteux et prisé, ainsi qu'un haut lieu pour les surfeurs, les amoureux de l'eau et les adeptes du soleil dans le sud-ouest de la France, possède sa propre magie et est célèbre pour son mode de vie détendu, avant-gardiste et libre, son excellente cuisine et ses superbes plages. L'air iodé, les vagues gigantesques et le son inlassable des rouleaux s'écrasant contre les falaises vous enveloppent immédiatement. Surplombant le rivage spectaculaire, l'élégant Hôtel Café de Paris, conçu par le célèbre studio d'architecture d'intérieur français Maison Sarah Lavoine, reflète ces vibrations bohèmes. Illuminé dans une palette de couleurs marines comprenant du cobalt, du bleu azur, du turquoise et l'emblématique « Bleu Sarah », cet hôtel de luxe quatre étoiles évoque l'époque révolue des stations balnéaires sophistiquées et récréatives, avec une touche fraîche et française, à quelques pas seulement de la dorée et sablonneuse « Grande Plage ».

Ubicado en una bahía rocosa en la costa vasca del Océano Atlántico, Biarritz, un balneario ventoso y buscado, y un lugar de encuentro para surfistas, amantes del agua y adoradores del sol en el suroeste de Francia, tiene su propia magia y es famoso por su estilo de vida relajado, vanguardista y libre, excelente cocina e impresionantes playas. El aire iodado, las olas gigantes y el eterno sonido de las rompientes contra los acantilados te abrazan de inmediato. Ubicado justo en el dramático paseo marítimo, el elegante Hôtel Café de Paris, diseñado por el aclamado estudio de arquitectura de interiores francés Maison Sarah Lavoine, refleja esas vibraciones bohemias. Iluminado en una paleta de colores marinos de cobalto, azul celeste, turquesa y el icónico «Bleu Sarah», el hotel de lujo de cuatro estrellas es un recuerdo de una era pasada de sofisticados y recreativos centros turísticos junto al mar con un toque fresco y elegante, y a solo unos pasos de la dorada arena de la «Grande Plage».

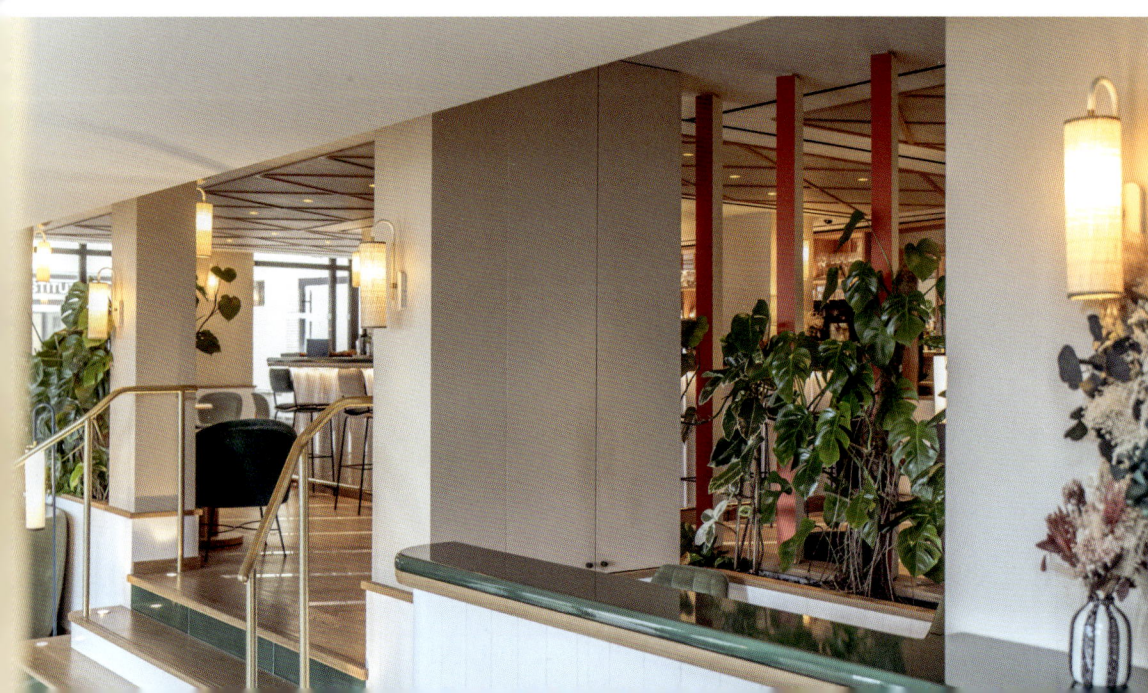

Guests can enter the eclectic, light-filled lobby directly via the Place Bellevue, in which Maison Sarah Lavoine created an elegant, luxurious and timeless interior with art deco elements. One is instantly transported into the relaxed seaside vibe of "La belle vie".
"I wanted to create an authentic space with a strong identity that never goes out of fashion. I like to imagine places where it is good to live. Places where people can meet". explains Sarah Poniatowski, founder of Maison Sarah Lavoine. Wood, rattan, and natural materials such as enamelled lava stone and oak combined with precious textiles are based on three primary shades: Nude, Broome Street and Light Blue, enhanced by a lighter tone creating an enveloping and calming atmosphere in the open-plan public spaces. The fancy decor of the 19 rooms with sea views to the shore and the landmark lighthouse is inspired by fishermen's cabanas, wooden boats and the bespoke tangerine-coloured sunsets of the Côte Basque and tastefully implemented. All floorings are adorned with a bespoke floral pattern in the brand's signature blue and green tones.
The luminous 'Le Café Basque', the exquisite sea-view gourmet restaurant of Cédric Béchade, Michelin-starred chef of Auberge Basque, is a highlight for cultivated foodies and bon vivants. Its interiors with the eye-catching ONA chairs by award-winning German shooting star Sebastian Herkner for Freifrau Manufaktur radiate in sea colours. The menu offers a colourful, natural and refined cuisine striving to enhance local, organic and seasonal products. The hotel also provides snacks for the young generation and small sharing plates such as oysters, tortillas or tarts garnished with aromatic herbs and combined with fresh juices or cocktails throughout the afternoon. The charming atmosphere is modern, warm and stylish, enhanced through high ceilings and all shades of blues. See dolphins spring by in the early morning hours and let yourself be carried away into the bliss of the "Grand Bleu"!

Der Eingangsbereich führt direkt über den Place Bellevue in die lichtdurchflutete Lobby, in der Maison Sarah Lavoine ein elegantes, luxuriöses und zeitloses Interieur mit Art-Déco-Elementen gestaltete. Sofort fühlt man sich durch die entspannte Atmosphäre ans Meer versetzt.
„Ich wollte einen authentischen Raum mit starker Identität schaffen, der nie aus der Mode kommt. Ich stelle mir gerne Orte vor, an denen es sich gut leben lässt. Orte, an denen sich Menschen treffen können". erklärt Sarah Poniatowski, Gründerin von Maison Sarah Lavoine. Holz, Rattan und natürliche Materialien wie emaillierter Lavastein oder Eiche ergänzt mit noblen Textilien basieren auf drei Grundfarben: Nude, Broome Street, Light Blue und einem helleren Ton, der in den öffentlichen Räumen eine behagliche Stimmung schafft. Das ausgefallene Dekor der 19 eleganten Zimmer mit Blick auf Küste und Leuchtturm ist von Fischerhütten, Booten und mandarinenfarbenen Sonnenuntergängen inspiriert und wurde geschmackvoll umgesetzt. Alle Fußböden sind mit einem individuellen Blumenmuster in den markentypischen Blau- und Grüntönen verziert.
Das helle Gourmet-Restaurant „Le Café Basque", von Cédric Béchade, Sternekoch der Auberge Basque, ist ein Highlight mit Meerblick für kultivierte Feinschmecker und Genießer. Die prägnanten ONA-Stühle des preisgekrönten Shootingstars Sebastian Herkner für Freifrau Manufaktur krönen das in blau und golden gehaltene Interieur. Die Karte bietet eine farbenfrohe und raffinierte Küche, die mit lokalen und saisonalen Bioprodukte punktet. Das Hotel bietet ebenfalls Snacks für Jung und Alt und kleine „sharing plates" wie Austern, Tortillas oder Tartes garniert mit aromatischen Kräutern und kombiniert mit frischen Säften oder Cocktails. Die gesamte Atmosphäre ist modern, warm und stilvoll, unterstrichen durch hohe Decken und die Farbschattierungen des Meeres. Vorbeiziehende Delfine in den frühen Morgenstunden entführen in ein magisches Setting und direkt in die Glückseligkeit des „Grand Bleu".

Les clients peuvent entrer directement dans le hall éclectique et lumineux par la Place Bellevue, où Maison Sarah Lavoine a créé un intérieur élégant, luxueux et intemporel avec des éléments art déco. On est instantanément transporté dans l'ambiance détendue du bord de mer, dans « La belle vie ». « Je voulais créer un espace authentique avec une identité forte qui ne se démode jamais. J'aime imaginer des lieux où il fait bon vivre. Des lieux où les gens peuvent se rencontrer », explique Sarah Poniatowski, fondatrice de Maison Sarah Lavoine. Le bois, le rotin et les matériaux naturels tels que la pierre de lave émaillée et le chêne, associés à des textiles précieux, sont basés sur trois teintes principales : Nude, Broome Street et Light Blue, rehaussées par une tonalité plus claire créant une atmosphère enveloppante et apaisante dans les espaces publics à aire ouverte. Le décor élégant des 19 chambres avec vue sur la mer et le phare emblématique s'inspire des cabanes de pêcheurs, des bateaux en bois et des couchers de soleil sur mesure de couleur mandarine de la Côte Basque et est réalisé avec goût. Tous les sols sont ornés d'un motif floral sur mesure aux tons bleus et verts caractéristiques de la marque.
Le lumineux « Le Café Basque », le restaurant gourmet avec vue sur la mer de Cédric Béchade, chef étoilé Michelin de l'Auberge Basque, est un point fort pour les gastronomes cultivés et les amateurs de bon vivre. Ses intérieurs, avec les attrayantes chaises ONA du jeune designer allemand de renom Sebastian Herkner pour la Freifrau Manufaktur, rayonnent dans des couleurs marines. Le menu propose une cuisine colorée, naturelle et raffinée, axée sur la mise en valeur des produits locaux, biologiques et de saison. L'hôtel propose également des collations pour les jeunes générations et de petites assiettes à partager, telles que des huîtres, des tortillas ou des tartes garnies d'herbes aromatiques et accompagnées de jus frais ou de cocktails tout au long de l'après-midi. L'atmosphère charmante est moderne, chaleureuse et élégante, rehaussée par de hauts plafonds et toutes les nuances de bleus. Observez les dauphins sauter tôt le matin et laissez-vous emporter dans le bonheur du « Grand Bleu » !

Los huéspedes pueden ingresar a la ecléctica y luminosa recepción directamente desde la Place Bellevue, donde Maison Sarah Lavoine creó un interior elegante, lujoso e intemporal con elementos art déco. Uno es transportado instantáneamente al relajado ambiente playero de «La belle vie» (la bella vida).
«Quería crear un espacio auténtico con una fuerte identidad que nunca pase de moda. Me gusta imaginar lugares donde sea agradable vivir. Lugares donde la gente pueda encontrarse», explica Sarah Poniatowski, fundadora de Maison Sarah Lavoine. Madera, ratán y materiales naturales como la piedra de lava esmaltada y el roble, combinados con textiles preciosos, se basan en tres colores principales: Nude, Broome Street y Light Blue, realzados por un tono más claro que crea una atmósfera envolvente y tranquila en los espacios públicos de planta abierta. La decoración de las 19 habitaciones con vistas al mar y a la costa, así como al emblemático faro, está inspirada en las cabañas de pescadores, los barcos de madera y los atardeceres a medida en color naranja de la Côte Basque, y está implementada con buen gusto. Todos los suelos están adornados con un diseño floral exclusivo en los tonos azules y verdes característicos de la marca.
El luminoso «Le Café Basque», el exquisito restaurante gourmet con vistas al mar de Cédric Béchade, chef con estrella Michelin de Auberge Basque, es una atracción para los aficionados a la gastronomía y los bon vivants. Sus interiores, con las llamativas sillas ONA del galardonado diseñador alemán Sebastian Herkner para Freifrau Manufaktur, brillan en colores marinos. El menú ofrece una cocina colorida, natural y refinada que busca resaltar los productos locales, orgánicos y de temporada. El hotel también ofrece aperitivos para la joven generación y platos para compartir, como ostras, tortillas o tartaletas adornadas con hierbas aromáticas y acompañadas de zumos frescos o cócteles durante toda la tarde. El encantador ambiente es moderno, cálido y elegante, realzado por techos altos y todas las tonalidades de azul. ¡Observa a los delfines saltar en las primeras horas de la mañana y déjate llevar por la felicidad del «Grand Bleu»!

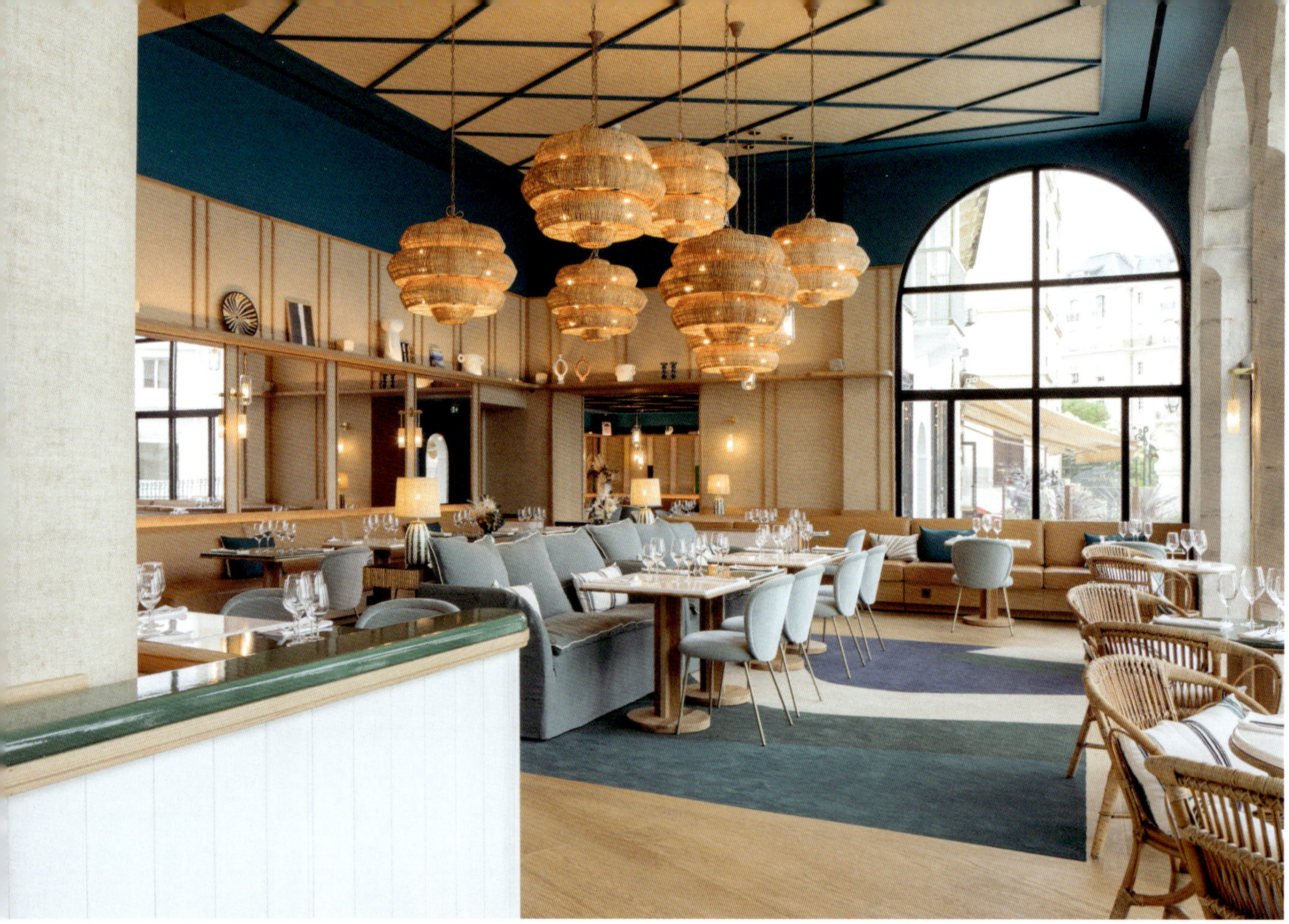

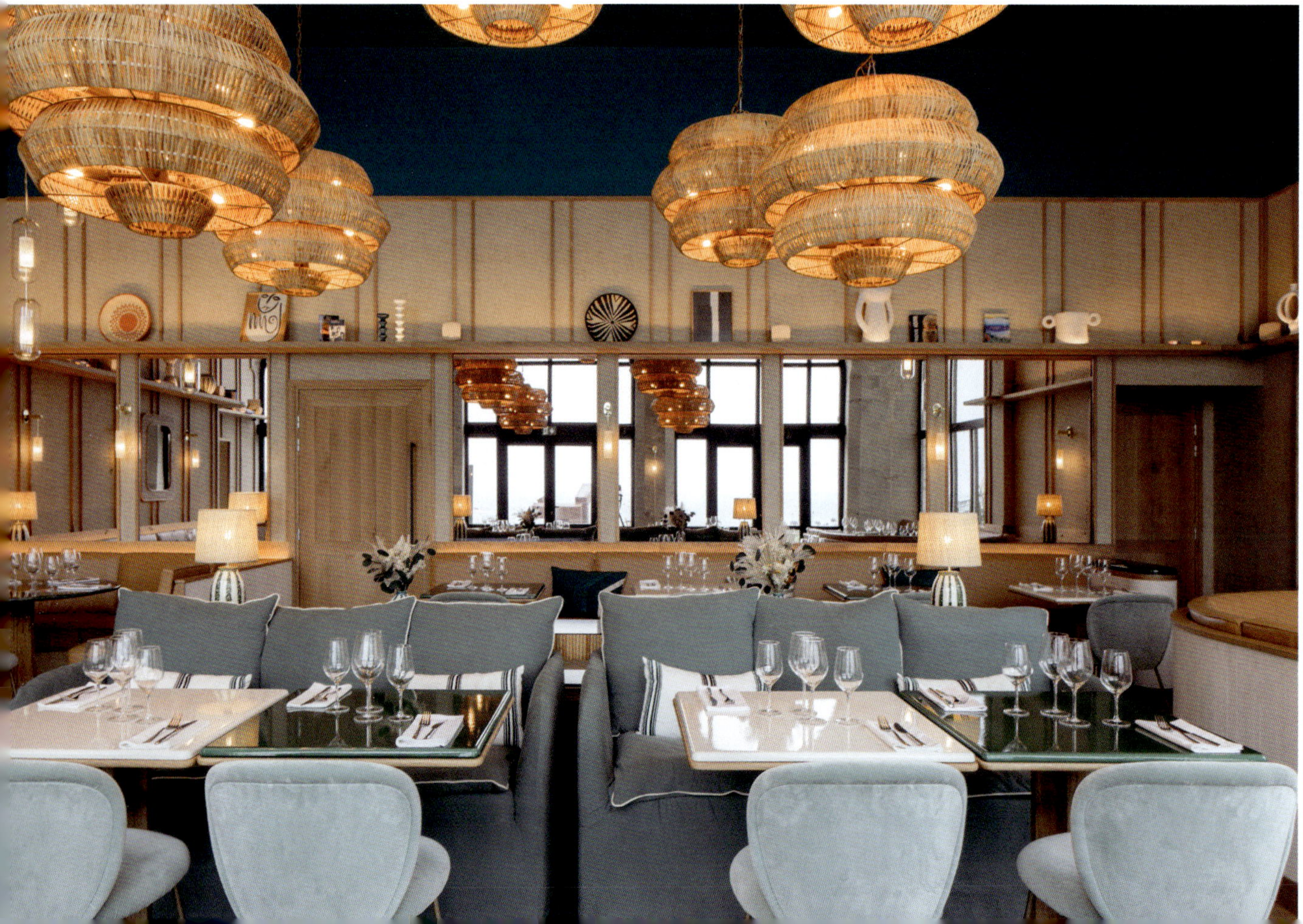

BLISSFUL VISTAS
HOTEL ESPLÉNDIDO
PORT DE SÓLLER

Flanking a picturesque halfmoon bay the green-shuttered hotel, a gem from the early 50´s in a desired port town on the north-west coast is an island hideout for active families and lazy lovers alike. Port de Sóller nestlesa against the majestic Tramuntana mountain range, a Unesco heritage site and a forms an oasis of calm from bustling tourist resorts. It can be reached by car or bike but also on board a historical wooden tramway with open wagons at the sides wagons called "jardinières". The tram was inaugurated in 1913 as a means of public transport and stands out because it joins the mountain and sea in just a half hour trip. Port de Sóller is one of the very few left charming seaside towns, with a a small harbour, hiking trails, a curving stretch of white sand and rocks to climb on, a lively tangle of coffee shops, bars and beach restaurants, and the Espléndido right in the very middle enjoying a frontline position with unobscured views to both the surrounding mountains and the sea.

An einer malerischen Halbmondbucht gelegen, ist das Hotel mit seinen grünen Fensterläden ein Schmuckstück aus den frühen 50ern. In einem Hafenstädtchen an der Nordwestküste gelegen, ist es ein Inselrefugium für aktive Familien und Verliebte zugleich. Port de Sóller schmiegt sich an das majestätische Tramuntana-Gebirge und bildet eine Oase der Ruhe abseits der geschäftigen Touristenorte. Der Ort ist nicht nur mit dem Auto oder dem Rad zu erreichen, sondern auch mit einer historischen Tram aus Holz und offenen Waggons, den „jardinières". Die Tram wurde 1913 als öffentliches Verkehrsmittel eingeweiht und besticht dadurch, dass sie Berg und Meer in einer halbstündigen Fahrt verbindet. Port de Sóller ist einer der wenigen charmanten Küstenorte mit einem Fischereihafen, Wanderwegen, einem geschwungenen weißen Sandstrand und Kletterfelsen, einem lebhaften Gewirr an Cafés, Bars und Strandrestaurants und dem Espléndido in der Mitte, von dem aus man einen herrlichen Blick auf Berge und das Meer hat.

Flanquant une baie pittoresque en demi-lune, l'hôtel aux volets verts, un joyau du début des années 50 dans une ville portuaire recherchée sur la côte nord-ouest, est une île refuge pour les familles actives et les amoureux paresseux. Port de Sóller est niché contre la majestueuse chaîne de montagnes Tramuntana, un site du patrimoine de l'Unesco et une oasis de calme des stations touristiques animées. On peut y accéder en voiture ou à vélo mais aussi à bord d'un tramway historique en bois avec des wagons ouverts sur les côtés appelés jardinières. Le tramway a été inauguré en 1913 comme moyen de transport public et se distingue car il relie la montagne et la mer en seulement une demi-heure de trajet. Port de Sóller est l'une des rares charmantes villes balnéaires à gauche, avec un petit port, des sentiers de randonnée, une étendue incurvée de sable blanc et de rochers sur lesquels grimper, un enchevêtrement animé de cafés, bars et restaurants de plage, et la droite Espléndido au milieu bénéficiant d'une position de première ligne avec une vue imprenable sur les montagnes environnantes et la mer.

Flanqueando una pintoresca bahía en forma de media luna, el hotel de paredes verdes, una joya de principios de los años 50 en una deseada ciudad portuaria de la costa noroeste, es un refugio isleño tanto para familias activas como para amantes del ocio. Port de Sóller está enclavado junto a la majestuosa sierra de Tramuntana, patrimonio de la Unesco, y constituye un oasis de calma entre los bulliciosos centros turísticos. Se puede llegar en coche o en bicicleta, pero también a bordo de un tranvía histórico de madera con vagones abiertos a los lados llamados «jardinières». El tranvía se inauguró en 1913 como medio de transporte público y destaca por unir la montaña y el mar en sólo media hora de viaje. Port de Sóller es uno de los pocos pueblos costeros con encanto que quedan, con un pequeño puerto, rutas de senderismo, un tramo curvilíneo de arena blanca y rocas para escalar, una animada maraña de cafeterías, bares y restaurantes de playa, y el Espléndido justo en el centro disfrutando de una posición de primera línea con vistas despejadas tanto a las montañas circundantes como al mar.

Espléndido

In keeping with its name, the Espléndido, "splendid" in English, has been developed by the energetic Swedish partners Johanna and Mikael Landström into the area's most quaint beach hotel with a fresh scandi-touch capturing the balance of cosmopolitan chic and bay town cosiness. Located right on the bay promenade it offers irresistible views, especially at sunset when the crimson ball sinks into the ocean. Espléndido is a destination for all. And a hotel to fall in love with given the personalized attention of the friendly staff and the quality of the service. The lobby with plush couches stretches from the entrance via a bar towards an exterior terrace to enjoy all kinds of delicacies. Breakfast is one of the highlights with freshly squeezed juices and a wide selection of of morning treats to choose from. Think hot cappuccino and crunchy caramelized croissants! Rooms are furnished in an effortless mid-century modern aesthetic with jungle patterned wallpapers, come with balconies overlooking the sea or the terraced garden layers in the back. The entire outdoor area, with a bar under leafy pergolas, bougainvillea-framed sunbeds, romantic stairs and bridges, is encircled by mountains, ensnared in foliage and blessed with an overwhelming amount of plants, from cacti and fig-trees, to succulents and olive trees. Two swimming pools, one elevated infinity pool with impressive vistas the higher you go and a secured one for families with children provide cooling in summer. To wind down, the spa offers numerous options including sensory showers and waterbeds not to mention the relaxing treatments. Sóller is best known for its prawns which are also served freshly grilled as one of the signature dishes at the ground-level bistro style restaurant. In the evenings you can while away the hours sipping G+T while watching the tram pass by and let the sound of the waves lull you into your dreams. An authentic bucket-list destination just as dazzling as the surrounding scenery.

Das Espléndido, auf Deutsch „prächtig" wurde vom schwedischen Powerpaar Johanna und Mikael Landström seines Namens gemäss zum malerischsten Strandhotel der Gegend mit frischem Scandi-Touch entwickelt, der das Gleichgewicht zwischen kosmopolitischem Schick und der Atmosphäre eines Hafenstädchens einfängt. Das Haus liegt direkt an der Strandpromenade und bietet einen unwiderstehlichen Ausblick, vor allem bei Sonnenuntergang, wenn der rote Ball im Meer versinkt. Das Espléndido ist ein Reiseziel für alle. Und ein Hotel, in das man sich angesichts der persönlichen Aufmerksamkeit des Personals und der Qualität des Service verlieben kann. Die Lobby mit Plüschsofas erstreckt sich vom Eingang über eine Bar bis hin zu einer Außenterrasse, auf der man allerlei Köstlichkeiten genießen kann. Das Frühstück ist einer der Höhepunkte mit frisch gepressten Säften und einer großen Auswahl an Leckereien. Zu empfehlen der Cappuccino und knusprig karamellisierte Croissants! Zimmer sind moderner mid-century-Ästhetik mit Dschungelmustertapeten verfügen über Balkone mit Blick auf das Meer oder die rückseitig terrassenförmig angelegten Gärten. Diese sind mit einer Bar unter begrünten Pergolen, Bougainvillea umrahmten Sonnenliegen, romantischen Treppen und Brücken von Bergen und einer überwältigen Pflanzenvielfalt wie Kakteen und Feigenbäume Sukkulenten und Olivenbäumen umgeben. Zwei Schwimmbäder, ein höher gelegener Infinity-Pool mit beeindruckenden Aussichten, und ein gesicherter Pool für Familien mit Kindern sorgen im Sommer für Abkühlung. Zum Entspannen bietet das Spa zahlreiche Möglichkeiten, darunter Erlebnisduschen und Wasserbetten und entspannende Behandlungen. Sóller ist vor allem für seine Garnelen bekannt, die im Bistro-Restaurant frisch gegrillt serviert werden. Am Abend kann man bei einem G+T die vorbeifahrende Tram beobachten und sich mit dem Rauschen der Wellen in seine Träume wiegen lassen. Eine authentische Destination, die ebenso hinreißend ist wie die umliegende Landschaft.

Fidèle à son nom, l'Espléndido, « splendide » en français, a été développé par les énergiques partenaires suédois Johanna et Mikael Landström pour devenir l'hôtel de plage le plus pittoresque de la région avec une touche scandinave fraîche capturant l'équilibre entre le chic cosmopolite et le confort de la baie. Situé directement sur la promenade de la baie, il offre des vues irrésistibles, surtout au coucher du soleil lorsque la boule cramoisie s'enfonce dans l'océan. Espléndido est une destination pour tous. Et un hôtel dont vous tomberez amoureux compte tenu de l'attention personnalisée du personnel amical et de la qualité du service. Le lobby aux canapés moelleux s'étend de l'entrée en passant par un bar vers une terrasse extérieure pour déguster toutes sortes de gourmandises. Le petit déjeuner est l'un des points forts avec des jus de fruits fraîchement pressés et une large sélection de friandises du matin à choisir. Pensez cappuccino chaud et croissants caramélisés croustillants ! Les chambres sont meublées dans une esthétique moderne du milieu du siècle sans effort avec des papiers peints à motifs de jungle, sont équipées de balcons donnant sur la mer ou les couches de jardin en terrasse à l'arrière. L'ensemble de l'espace extérieur, avec un bar sous des pergolas verdoyantes, des chaises longues encadrées de bougainvilliers, des escaliers et des ponts romantiques, est entouré de montagnes, pris au piège dans le feuillage et doté d'une quantité écrasante de plantes, des cactus et des figuiers aux plantes succulentes et aux oliviers. arbres. Deux piscines, une piscine à débordement surélevée avec des vues impressionnantes au fur et à mesure que vous montez et une sécurisée pour les familles avec enfants assurent le refroidissement en été. Pour se détendre, le spa propose de nombreuses options dont des douches sensorielles et des matelas à eau sans oublier les soins relaxants. Sóller est surtout connu pour ses crevettes qui sont également servies fraîchement grillées comme l'un des plats signature du restaurant de style bistrot au rez-de-chaussée. Le soir, vous pouvez passer des heures à siroter du G+T tout en regardant passer le tram et laisser le bruit des vagues vous bercer dans vos rêves. Une authentique destination incontournable tout aussi éblouissante que les paysages environnants.

Haciendo honor a su nombre, el Espléndido ha sido convertido por los enérgicos socios suecos Johanna y Mikael Landström en el hotel de playa más pintoresco de la zona, con un fresco toque escandinavo que capta el equilibrio entre lo cosmopolita y lo acogedor de la bahía. Situado en pleno paseo de la bahía, ofrece unas vistas irresistibles, sobre todo al atardecer, cuando la bola carmesí se hunde en el océano. Espléndido es un destino para todos. Y un hotel para enamorarse dada la atención personalizada del amable personal y la calidad del servicio. El vestíbulo con sofás de felpa se extiende desde la entrada a través de un bar hacia una terraza exterior para disfrutar de todo tipo de manjares. El desayuno es uno de los platos fuertes, con zumos recién exprimidos y una amplia selección de delicias matutinas para elegir. Piense en un capuchino caliente y crujientes cruasanes caramelizados. Las habitaciones están amuebladas con una estética moderna de mediados de siglo y empapeladas con motivos selváticos, y disponen de balcones con vistas al mar o a las terrazas ajardinadas de la parte trasera. Toda la zona exterior, con un bar bajo frondosas pérgolas, tumbonas enmarcadas en buganvillas, románticas escaleras y puentes, está rodeada de montañas, envuelta en follaje y bendecida con una cantidad abrumadora de plantas, desde cactus e higueras hasta suculentas y olivos. Dos piscinas, una infinita elevada con impresionantes vistas cuanto más se sube y otra protegida para familias con niños, refrescan en verano. Para relajarse, el spa ofrece numerosas opciones, como duchas sensoriales y camas de agua, sin olvidar los tratamientos relajantes. Sóller es conocido por sus gambas, que también se sirven a la plancha como uno de los platos estrella del restaurante de estilo bistró de la planta baja. Por la noche, podrá pasar las horas bebiendo G+T mientras ve pasar el tranvía y se deja arrullar por el sonido de las olas. Un auténtico destino de ensueño tan deslumbrante como el paisaje que lo rodea.

SUNSHINE AND SAND
IBEROSTAR PORTALS Nous
MALLORCA

Mallorca, an island of charm and culture and famous for its mild Mediterranean climate, white washed beaches, relaxed lifestyle and a vibrant international community, is one of the Mediterranean jewels. It has proven to be a playground for beach front hotels; however, there are just a few properties on the beach, except for a few. Iberostar Portals Nous, an indulgent stunning luxury beachfront property in the South of the island with an effortless barefoot stroll to the turquoise shore, is designed by renowned Dutch designer Marcel Wanders known for his decorative and unique style. "Design must be rooted in reality", he claims. "I want to be true to the setting, creating a genuine sense of belonging". Located in a shallow sapphire bay surrounded by lush greenery and rocky cliffs, the hotel is a prime example of transparency and innovation, and boosts with fun and energy.

Mallorca, eine Insel voller Charme und Kultur, die für ihr mildes Mittelmeerklima, ihre weißen Strände, ihren entspannten Lebensstil und ihre pulsierende internationale Community bekannt ist, ist eines der Mittelmeerjuwelen. Die Insel hat sich als Spielwiese für Strandhotels erwiesen; allerdings gibt es nur selten Hotels direkt am Strand, mit Ausnahme von einigen wenigen. Das Iberostar Portals Nous, ein schickes luxuriöses Strandhotel im Süden der Insel, von dem aus man barfuß vom Hotelzimmer zum türkisblauen Wasser spazieren kann, wurde vom bekannten niederländischen Designer Marcel Wanders entworfen, der für seinen dekorativen und einzigartigen Stil bekannt ist. „Design muss in der Realität verwurzelt sein", sagt er, „ich möchte der Umgebung treu sein und ein Gefühl der Zugehörigkeit schaffen." Das Hotel liegt in einer flachen saphirblauen Bucht, umgeben von üppigem Grün und felsigen Klippen, ist ein Paradebeispiel für Transparenz und Innovation und strotzt nur so vor Spaß und Energie.

Majorque, une île de charme et de culture et célèbre pour son climat méditerranéen doux, ses plages blanchies à la chaux, son style de vie décontracté et sa communauté internationale dynamique, est l'un des joyaux de la Méditerranée. Il s'est avéré être un terrain de jeu pour les hôtels en front de mer ; cependant, il n'y a que quelques propriétés sur la plage, à l'exception de quelques-unes. Iberostar Portals Nous, une superbe propriété de luxe en bord de mer dans le sud de l'île avec une promenade pieds nus sans effort jusqu'au rivage turquoise, a été conçue par le célèbre designer hollandais Marcel Wanders connu pour son style décoratif et unique. « Le design doit être enraciné dans la réalité », affirme. « Je veux être fidèle au décor, créer un véritable sentiment d'appartenance ». Situé dans une baie saphir peu profonde entourée d'une végétation luxuriante et de falaises rocheuses, l'hôtel est un excellent exemple de transparence et d'innovation, et stimule avec plaisir et énergie.

Mallorca, isla de encanto y cultura, famosa por su suave clima mediterráneo, sus playas de arena blanca, su estilo de vida relajado y una vibrante comunidad internacional, es una de las joyas del Mediterráneo. Ha demostrado ser un patio de recreo para los hoteles en primera línea de playa; sin embargo, sólo hay unas pocas propiedades en la playa, a excepción de unos pocos. Iberostar Portals Nous, una impresionante propiedad de lujo frente al mar en el sur de la isla, con un paseo descalzo y sin esfuerzo hasta la orilla turquesa, está diseñada por el renombrado diseñador holandés Marcel Wanders, conocido por su estilo decorativo y único. «El diseño debe estar arraigado en la realidad», afirma. «Quiero ser fiel al entorno, creando un auténtico sentido de pertenencia». Situado en una bahía de zafiro poco profunda, rodeado de exuberante vegetación y acantilados rocosos, el hotel es un ejemplo de transparencia e innovación, y rebosa diversión y energía.

The arrival to the award-winning sustainable hotel leads via a windy road from a hilltop straight down towards the sandy cove of Portals Nous. Built on several levels with cosy lounge corners and blooming pergolas, shade is provided even on hot and humid summer days. The extravagant and quirky interiors decorated with locally manufactured Mediterranean tiles and floral patterns, reflecting white surfaces and materials, transport the Mallorquin lifestyle while pushing boundaries and challenging creativity. Instead of a complicated check-in procedure, guests can relax, enjoying their welcome champagne cocktail at the Selini Bar while the friendly and attentive staff covers the rest. The hotel offers 66 rooms, four penthouses suites with terraces, with jacuzzis and sun loungers and five theme rooms with translucid glass balconies, all facing the sea. A stunning iris sculpture incorporated in the back of the bathroom mirrors separates the space between the bedrooms and wet areas. Right off the beach, a large terrace with a sculpture of the tree of life, shady seating areas under pergolas, and fluffy floral cushions invite you to curl up for sunbathing or snacking. The theme of water is omnipresent. The the pool on the 7th floor in shades of whites and blues with a gigantic 30-meter cascading waterfall, floating sun beds, and a whirlpool is a breathtaking experience and wellness fans can relax in the underground spa equipped with a plunge pool, steam rooms, and saunas or enjoy restorative treatments. The hotel's contemporary art gallery 2B showcases contemporary urban mixed media art ranging from photography and sculptures to paintings from internationally known artists such as Keith Haring, and the open spaces of the hotel feature graffiti and murals. Gourmet restaurant Astir with indoor and outdoor seating suggests a delicious Mediterranean fusion kitchen. When night falls silver reflections shine on the shimmering crests of foam. In these magic moments, the horizon belongs to you alone.

Die Anfahrt zu dem preisgekrönten, nachhaltigen Hotel führt über eine kurvenreiche Straße von einer Bergkuppe direkt hinab zur Bucht von Portals Nous. Auf mehreren Ebenen gebaut, mit lauschigen Lounge-Ecken und blühenden Pergolen, spendet das Gebäude auch an heißen Sommertagen Schatten. Das extravagante Interieur mit lokal hergestellten Fliesen und floralen Mustern, spiegelnden Oberflächen und Materialien vermittelt den mallorquinischen Lebensstil, während sie gleichzeitig Grenzen überschreitet und Kreativität herausfordert. Statt komplizierten Check-in-Prozedur können Gäste ihren Willkommenscocktail in der Selini Bar genießen, während das freundliche und aufmerksame Personal den Rest erledigt. Das Hotel verfügt über 66 Zimmer, vier Penthouse-Suiten mit Terrassen, mit Jacuzzis und Sonnenliegen sowie fünf Themenzimmer mit durchsichtigen Balkonen, alle mit Blick aufs Meer. Eine verblüffende Iris-Skulptur, die in die Rückseite der Badezimmerspiegel integriert ist, trennt Schlafzimmer und Nassbereich. Direkt am Strand lädt eine Sonnenterrasse mit einer Skulptur des Lebensbaums, schattigen Sitzecken und flauschigen, geblümten Kissen zum Sonnenbaden oder Snacken ein. Das Thema Wasser ist allgegenwärtig. Der in Weiß- und Blautönen gehaltene Pool mit einem gigantischen, 30 Meter hohen Wasserfall, schwimmenden Sonnenliegen und Whirlpool ist ein überwältigendes Erlebnis, und Wellness-Fans können im unterirdischen Spa mit Tauchbecken, Dampfbädern und Saunen entspannen oder erholsame Behandlungen genießen. Die moderne Kunstgalerie 2B des Hotels zeigt zeitgenössische urbane Mixed-Media-Kunst, die von Fotografien über Skulpturen bis zu Gemälden von international bekannten Künstlern reicht, und an den Hotelmauern befinden sich Graffiti und Wandmalereien. Das Gourmet-Restaurant Astir mit Terrasse bietet köstliche mediterrane Fusionsküche. Wenn die Nacht hereinbricht, leuchten silberne Reflexe auf den schimmernden Schaumkronen. In diesen Momenten gehört der Horizont einem ganz allein.

L'arrivée à l'hôtel durable primé mène par une route venteuse depuis le sommet d'une colline jusqu'à la crique de sable de Portals Nous. Construit sur plusieurs niveaux avec des coins salon confortables et des pergolas fleuries, l'ombre est fournie même les jours d'été chauds et humides. Les intérieurs extravagants et originaux décorés de carreaux méditerranéens fabriqués localement et de motifs floraux, reflétant des surfaces et des matériaux blancs, transportent le style de vie majorquin tout en repoussant les limites et en stimulant la créativité. Au lieu d'une procédure d'enregistrement compliquée, les clients peuvent se détendre en savourant leur cocktail de bienvenue au champagne au bar Selini tandis que le personnel amical et attentionné s'occupe du reste. L'hôtel propose 66 chambres, quatre suites penthouses avec terrasses, jacuzzis et transats et cinq chambres à thème avec balcons en verre translucide, toutes face à la mer. Une superbe sculpture d'iris incorporée à l'arrière des miroirs de la salle de bain sépare l'espace entre les chambres et les zones humides. Juste à côté de la plage, une grande terrasse avec une sculpture de l'arbre de vie, des sièges ombragés sous des pergolas et des coussins floraux moelleux vous invitent à vous blottir pour bronzer ou grignoter. Le thème de l'eau est omniprésent. La piscine dans les tons blancs et bleus avec une gigantesque cascade de 30 mètres, des chaises longues flottantes et un bain à remous est une expérience à couper le souffle et les amateurs de bien-être peuvent se détendre dans le spa souterrain équipé d'un bassin profond, de hammams et de saunas ou profitez de traitements réparateurs. La galerie d'art contemporain 2B de l'hôtel présente des œuvres d'art mixtes urbaines contemporaines allant de la photographie et des sculptures aux peintures d'artistes de renommée internationale tels que Keith Haring, et les espaces ouverts de l'hôtel présentent des graffitis et des peintures murales. Le restaurant gastronomique Astir avec des sièges à l'intérieur et à l'extérieur propose une délicieuse cuisine fusion méditerranéenne. Lorsque la nuit tombe, des reflets argentés brillent sur les crêtes chatoyantes de l'écume. Dans ces instants magiques, l'horizon n'appartient qu'à vous.

La llegada al galardonado hotel sostenible conduce por una carretera ventosa desde lo alto de una colina hasta la cala de arena de Portals Nous. Construido en varios niveles, con acogedores rincones de descanso y pérgolas florecientes, ofrece sombra incluso en los calurosos y húmedos días de verano. Los extravagantes interiores decorados con azulejos mediterráneos de fabricación local y motivos florales, que reflejan superficies y materiales blancos, transportan el estilo de vida mallorquín a la vez que amplían los límites y desafían la creatividad. En lugar de un complicado procedimiento de registro, los huéspedes pueden relajarse disfrutando de su cóctel de champán de bienvenida en el Bar Selini mientras el amable y atento personal se encarga del resto. El hotel ofrece 66 habitaciones, cuatro áticos suites con terrazas, jacuzzis y tumbonas y cinco habitaciones temáticas con balcones de cristal translúcido, todas frente al mar. Una impresionante escultura de iris incorporada en la parte posterior de los espejos de los cuartos de baño separa el espacio entre las habitaciones y las zonas húmedas. Justo al lado de la playa, una gran terraza con una escultura del árbol de la vida, zonas de sombra bajo pérgolas y mullidos cojines florales invitan a acurrucarse para tomar el sol o merendar. El tema del agua está omnipresente. La piscina, en tonos blancos y azules, con una gigantesca cascada de 30 metros, tumbonas flotantes y una piscina de hidromasaje, es una experiencia impresionante, y los amantes del bienestar pueden relajarse en el spa subterráneo, equipado con piscina de inmersión, baños de vapor y saunas, o disfrutar de tratamientos reconstituyentes. La galería de arte contemporáneo 2B del hotel exhibe arte urbano contemporáneo de técnica mixta que abarca desde fotografía y esculturas hasta pinturas de artistas internacionalmente conocidos como Keith Haring, y los espacios abiertos del hotel presentan graffitis y murales. El restaurante gourmet Astir, con asientos en el interior y al aire libre, propone una deliciosa cocina mediterránea de fusión. Cuando cae la noche, los reflejos plateados brillan sobre las crestas de espuma. En estos momentos mágicos, el horizonte sólo le pertenece a usted.

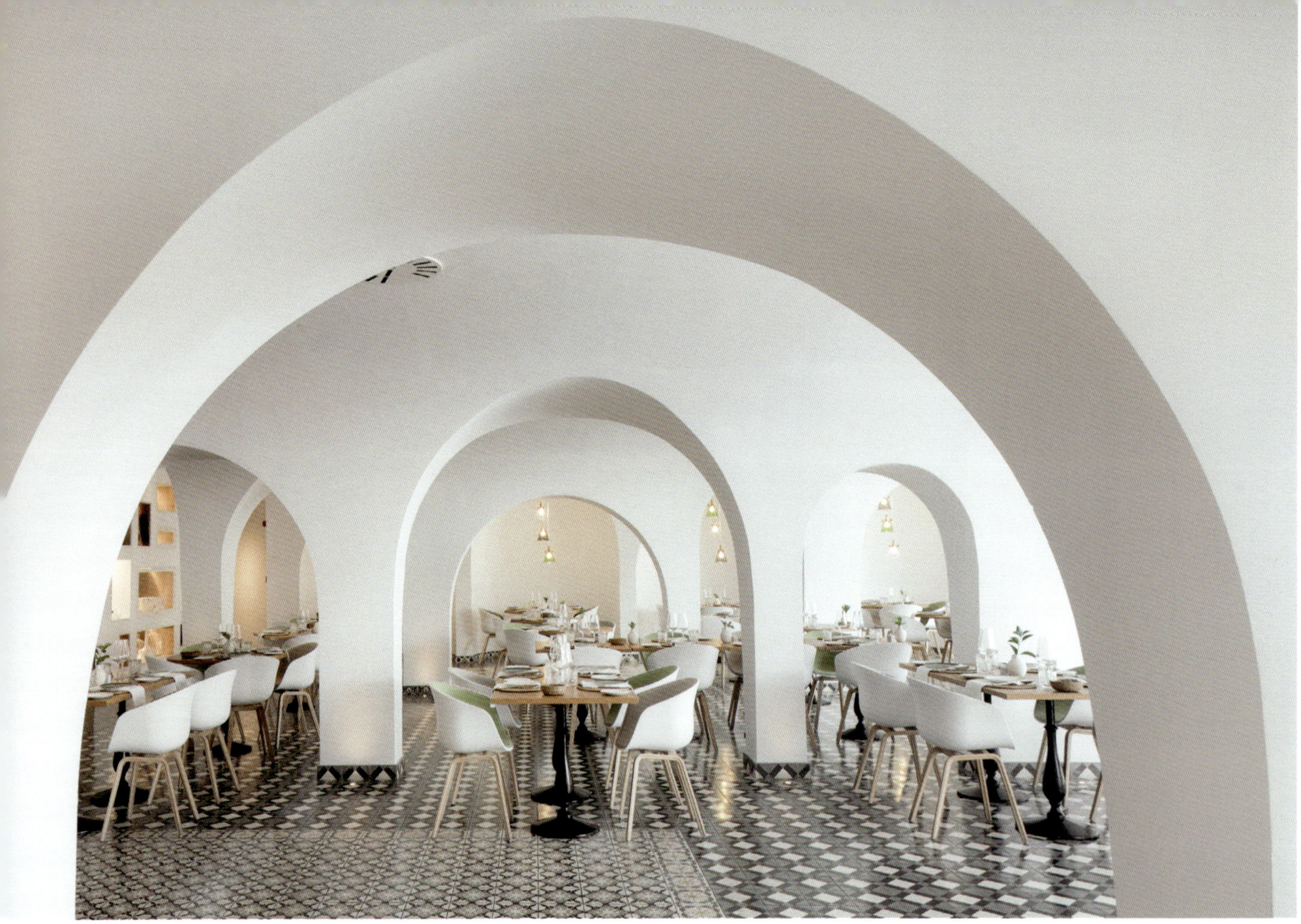

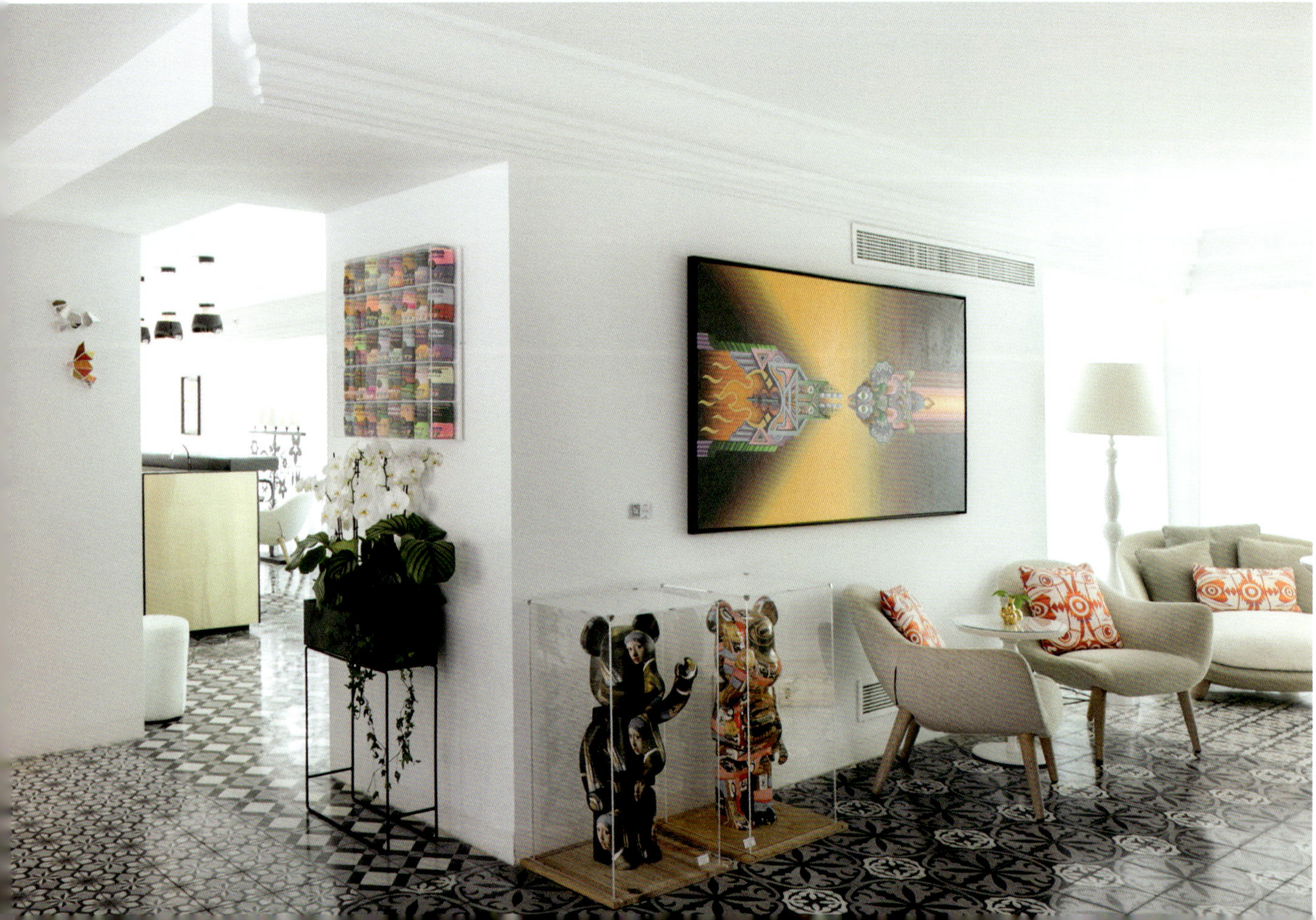

EMERALDS AND BLUES

IL SERENO
LAGO DI COMO

In the old days, the lake was called "Lario", which means "deep place." It is the most profound in Italy, explaining its ancient name, and it has a million facets. Shimmering bright turquoise and shiny, smooth, emerald and quiet, dark green into almost black at night sparkling with starlight. Pittoresque villages, elegant mansions and lakeside gardens can be spotted on the surrounding hills. The microclimate is lush and mild. Shining new meaning to luxury and modern design, Il Sereno Hotel by the Contreras family breathes fresh air into the iconic bucket list item, Lake Como. The award-winning designer Patricia Urquiola has combined the natural ambiance of the surrounding environment with comfort and luxury, glass, stone steel and local wood resulting in a breath-taking design in soft greys, blues and greens that embodies all spectrums of luxurious accommodation with a Mediterranean landscape designed by Patrick Blanc and Flavio Pollano, a dock and a small beach to round it all up.

Früher wurde der See „Lario" genannt, was „tiefer Ort" bedeutet. Er ist der tiefste in Italien, was seinen alten Namen erklärt, und er hat eine Million Facetten. Er schimmert in hellem Türkis und glänzt, ist glatt, smaragdgrün und ruhig, dunkelgrün bis schwarz und funkelt nachts im Sternenlicht. Malerische Dörfer, elegante Herrenhäuser und Gärten in umliegenden Hügeln säumen das Ufer. Das Mikroklima ist üppig und mild. Il Sereno Lago di Como verleiht Luxus und modernem Design eine neue Bedeutung und bringt frischen Wind in den Comer See, der auf der Wunschliste ganz oben steht. Die preisgekrönte Designerin Patricia Urquiola hat das natürliche Ambiente der Umgebung mit Komfort und Luxus, Glas, Stein, Stahl und einheimischem Holz kombiniert. Das Ergebnis ist ein atemberaubendes Designhotel in sanften Grau-, Blau- und Grüntönen, dass alle Facetten einer luxuriösen Unterkunft verkörpert, mit einer mediterranen Landschaft von Patrick Blanc und Flavio Pollano entworfen, einem Steg und Strand.

Le lac de Côme, autrefois appelé « Lario » en raison de sa profondeur, est le plus profond d'Italie et offre une multitude de facettes. Ses eaux varient du turquoise brillant et chatoyant à l'émeraude calme, parfois même d'un vert foncé presque noir, scintillant sous la lumière des étoiles la nuit. Autour du lac, on peut découvrir de charmants villages, de majestueux manoirs et de magnifiques jardins bordant les collines environnantes. Le microclimat est luxuriant et doux, rendant le lieu encore plus enchanteur. L'hôtel Il Sereno, appartenant à la famille Contreras, élève le concept de luxe et de design moderne au bord du lac de Côme. Conçu par la designer primée Patricia Urquiola, l'établissement se fond harmonieusement dans son environnement naturel en utilisant du verre, de l'acier, de la pierre et du bois local. Les couleurs douces de gris, de bleu et de vert représentent tous les spectres d'un hébergement luxueux, avec un paysage méditerranéen soigneusement conçu par Patrick Blanc et Flavio Pollano, un quai et même une petite plage pour couronner le tout.

Antiguamente, el lago se llamaba «Lario», que significa «lugar profundo». Es el más profundo de Italia, lo que explica su antiguo nombre, y tiene un millón de facetas. Turquesa brillante y resplandeciente, suave, esmeralda y tranquilo, verde oscuro hasta casi negro por la noche centelleante con la luz de las estrellas. En las colinas circundantes se divisan pueblos pintorescos, elegantes mansiones y jardines junto al lago. El microclima es exuberante y suave. El hotel Il Sereno, de la familia Contreras, da un nuevo significado al lujo y al diseño moderno, e insufla aire fresco al emblemático lago de Como. La galardonada diseñadora Patricia Urquiola ha combinado el ambiente natural del entorno con el confort y el lujo, el cristal, la piedra, el acero y la madera local, dando como resultado un impresionante diseño en suaves grises, azules y verdes que encarna todos los espectros del alojamiento de lujo, con un paisaje mediterráneo diseñado por Patrick Blanc y Flavio Pollano, un muelle y una pequeña playa como colofón.

The winding road leads along the lake, passing bucolic Italian villages, romantic piazzas, cypress, azaleas, rhododendrons and camellias. Once arrived at the intimate waterside paradise, it feels a world apart. With its sophisticated architecture, the elegant boutique hotel Il Sereno Lago di Como shines bright like a diamond in its pristine setting right on the lake with stunning scenery, beautiful interiors and gastronomic intrigues. Architect and designer Patricia Urquiola, Europes's most celebrated and talented designer, created an authentic yet modern style hotel with effortless comfort. The New York Post, who predicted that Il Sereno "will bring a dose of highly contemporary style to the shores of Lake Como", placed the hotel among the World's Top 19 Hotels to Visit. Spacious rooms and suites ranging from 50 to 200 square meters with Venetian terrazzo flooring, floor-to-ceiling windows and grand outdoor terraces with sliding shades and jaw-dropping views towards the beauty of the lake provide the perfect nest to relax. Outdoors, nooks, niches, cosy sundecks, beachhuts, and shady corners under lemon trees invite you to linger. Botanist Patrick Blanc, known for his vertical gardens, created three botanical pieces: Le Mirroir Vert du Lac, Le Canyon and Les Racines Echasseesm. The favourite spot for all is the freshwater infinity pool suspended over the lake with the adjacent beach, and jumps are already on the plan of the daily fun.
Further relaxation time is offered in the spa in the Darsena, the former boathouse of the property transformed by Patricia Urquiola into a serene resting space. Food in Italy plays a vital role; it's the lifeline for all. The Michelin-starred restaurant by Chef Raffaele Lenzi situated under the coves is a tribute to his Italian spirit., simple, traditional and regional. However, the best way to experience the lake is by the custom-built Ernesto Riva boat, which the hotel puts at guests' disposal. Jump in and ride into the sunset!

Die kurvenreiche Straße führt entlang des Sees, vorbei an idyllischen italienischen Dörfern, romantischen Piazzas, Zypressen, Azaleen, Rhododendren und Kamelien. Im intimen Wasserparadies angekommen, fühlt man sich wie in einer anderen Welt. Das elegante Boutique-Hotel Il Sereno Lago di Como glänzt mit raffinierter Architektur wie ein Diamant in seiner unberührten Umgebung direkt am See und bietet eine atemberaubende Kulisse, ein wunderschönes Interieur und gastronomische Genüsse. Europa's bekannteste und talentierteste Architektin und Designerin Patricia Urquiola hat ein authentisches und doch modernes Hotel mit mühelosem Komfort geschaffen. Geräumige Zimmer und Suiten von 50 bis 200 Quadratmetern mit venezianischen Terrazzoböden, raumhohen Fenstern und großen Außenterrassen mit Schiebeelementen und einem atemberaubenden Blick auf die unvergleichliche Schönheit des Sees bieten einen entspannenden Rückzugsort. Im Außenbereich laden Eckchen, Nischen, gemütliche Sonnendecks, Strandhütten und schattige Plätze unter Zitronenbäumen zum Verweilen ein. Der Botaniker Patrick Blanc, bekannt für seine vertikalen Gärten, hat drei botanische Werke geschaffen: Le Mirroir Vert du Lac, Le Canyon und Les Racines Echasseesm. Der Lieblingsplatz für alle jedoch ist der über dem See schwebende Süßwasser-Infinity-Pool mit angrenzendem Strand, und schon stehen Sprünge ins Nass auf dem Plan des täglichen Vergnügens.
Weitere Entspannung bietet das Spa in der Darsena, dem ehemaligen Bootshaus des Anwesens, das von Patricia Urquiola in einen Ort der Ruhe verwandelt wurde. Essen spielt in Italien eine wichtige Rolle, es ist die Lebensader für alle. Das mit einem Michelin-Stern ausgezeichnete Restaurant des Küchenchefs Raffaele Lenzi ist eine Hommage an seine italienischen Wurzeln: einfach, traditionell und regional. Die beste Art, den See zu erleben, ist jedoch eine Spritztour mit dem Riva Boot, das Hotelgästen zur Verfügung steht und zur romantischen Fahrt in den Sonnenuntergang einlädt.

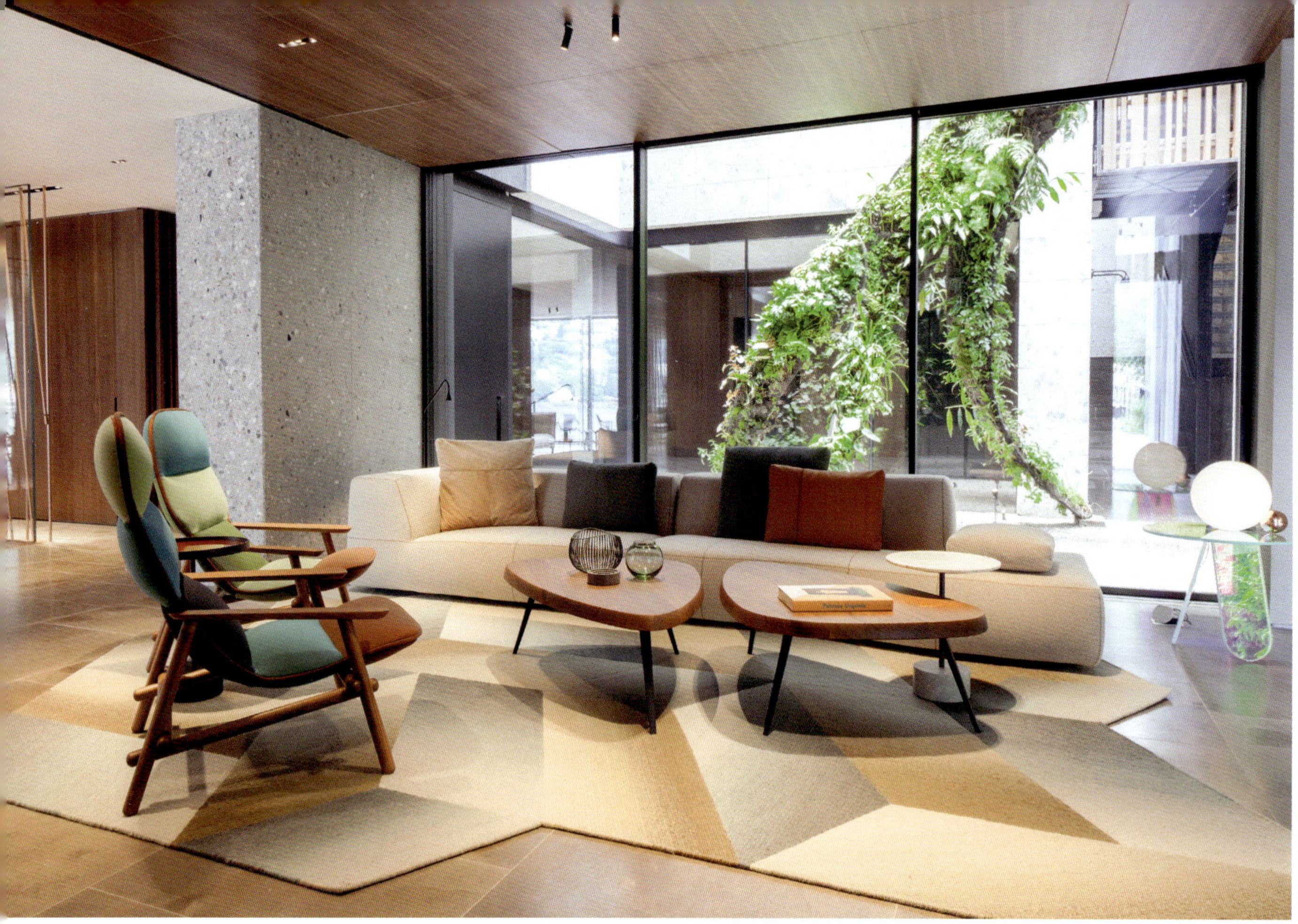

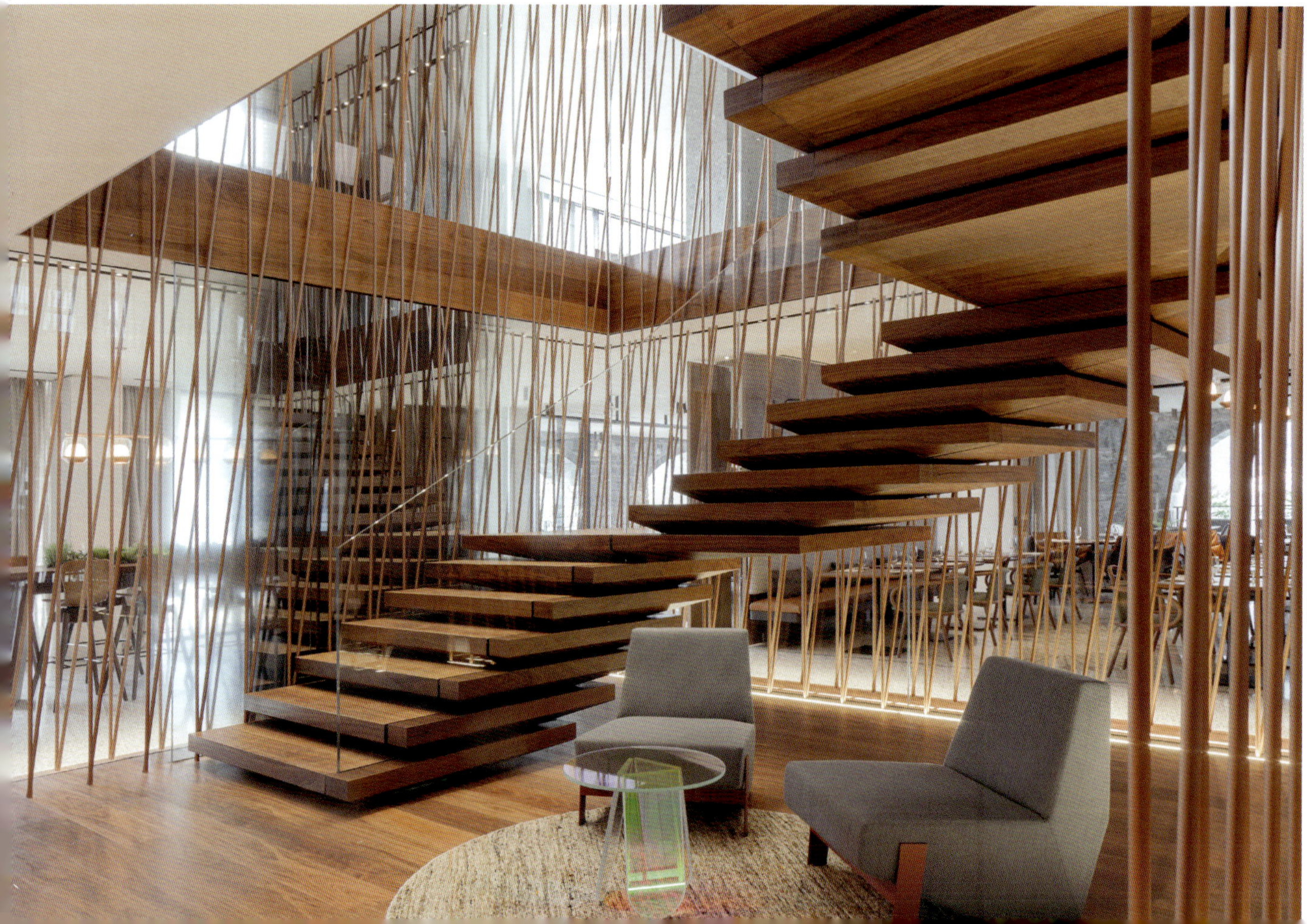

La route sinueuse longe le lac et passe devant des villages italiens bucoliques, des piazzas romantiques, des cyprès, des azalées, des rhododendrons et des camélias. Une fois arrivé à ce paradis intime au bord de l'eau, on a l'impression d'être dans un monde à part. Avec son architecture sophistiquée, l'élégant hôtel de charme Il Sereno Lago di Como brille comme un diamant dans son cadre immaculé au bord du lac, avec des paysages époustouflants, des intérieurs magnifiques et des intrigues gastronomiques. L'architecte et designer Patricia Urquiola, la plus célèbre et la plus talentueuse d'Europe, a créé un hôtel au style à la fois authentique et moderne, au confort sans effort. Le New York Post, qui a prédit que Il Sereno « apportera une dose de style très contemporain sur les rives du lac de Côme », a classé l'hôtel parmi les 19 meilleurs hôtels à visiter dans le monde. Les chambres et suites spacieuses, d'une superficie de 50 à 200 mètres carrés, sont dotées de sols en terrazzo vénitien, de fenêtres allant du sol au plafond et de grandes terrasses extérieures avec des stores coulissants et des vues imprenables sur la beauté du lac, ce qui en fait le nid idéal pour se détendre. À l'extérieur, des recoins, des niches, des terrasses douillettes, des cabanes de plage et des coins ombragés sous les citronniers vous invitent à vous attarder. Le botaniste Patrick Blanc, connu pour ses jardins verticaux, a créé trois œuvres botaniques : Le Mirroir Vert du Lac, Le Canyon et Les Racines Echasseesm. L'endroit préféré de tous est la piscine à débordement d'eau douce suspendue au-dessus du lac avec la plage adjacente, et les sauts sont déjà au programme de l'amusement quotidien. D'autres moments de détente sont proposés dans le spa de la Darsena, l'ancien hangar à bateaux de la propriété transformé par Patricia Urquiola en un espace de repos serein. En Italie, la nourriture joue un rôle essentiel ; c'est la bouée de sauvetage de tous. Le restaurant étoilé du chef Raffaele Lenzi, situé sous les criques, est un hommage à son esprit italien, simple, traditionnel et régional. Cependant, la meilleure façon de découvrir le lac est de prendre le bateau Ernesto Riva, construit sur mesure, que l'hôtel met à la disposition de ses clients. Montez à bord et partez au coucher du soleil !

La serpenteante carretera bordea el lago, pasando por bucólicos pueblos italianos, románticas plazas, cipreses, azaleas, rododendros y camelias. Una vez llegado al íntimo paraíso junto al agua, parece un mundo aparte. Con su sofisticada arquitectura, el elegante hotel boutique Il Sereno Lago di Como brilla como un diamante en su prístino entorno junto al lago, con impresionantes paisajes, bellos interiores e intrigas gastronómicas. La arquitecta y diseñadora Patricia Urquiola, la más célebre y talentosa de Europa, creó un hotel de estilo auténtico y moderno a la vez, con un confort sin esfuerzo. El New York Post, que predijo que Il Sereno «aportará una dosis de estilo altamente contemporáneo a orillas del lago Como», situó el hotel entre los 19 mejores hoteles del mundo para visitar. Amplias habitaciones y suites de 50 a 200 m² con suelo de terrazo veneciano, ventanales de suelo a techo y grandes terrazas exteriores con persianas correderas y vistas asombrosas hacia la belleza del lago proporcionan el nido perfecto para relajarse. En el exterior, rincones, nichos, acogedores solariums, chiringuitos y rincones sombreados bajo limoneros invitan a quedarse. El botánico Patrick Blanc, conocido por sus jardines verticales, creó tres piezas especiales: Le Mirroir Vert du Lac, Le Canyon y Les Racines Echasseesm. El lugar favorito de todos es la piscina infinita de agua dulce suspendida sobre el lago con la playa adyacente, y los saltos ya forman parte del plan de la diversión diaria.
Se ofrecen más momentos de relajación en el spa de la Darsena, el antiguo cobertizo para botes de la propiedad transformado por Patricia Urquiola en un sereno espacio de descanso. La comida en Italia desempeña un papel vital; es el sustento de todos. El restaurante del Chef Raffaele Lenzi, galardonado con una estrella Michelin y situado bajo las calas, es un homenaje a su espíritu italiano, sencillo, tradicional y regional. Sin embargo, la mejor manera de vivir el lago es en el barco Ernesto Riva, construido a medida, que el hotel pone a disposición de los huéspedes. Suba y cabalgue hacia la puesta de sol.

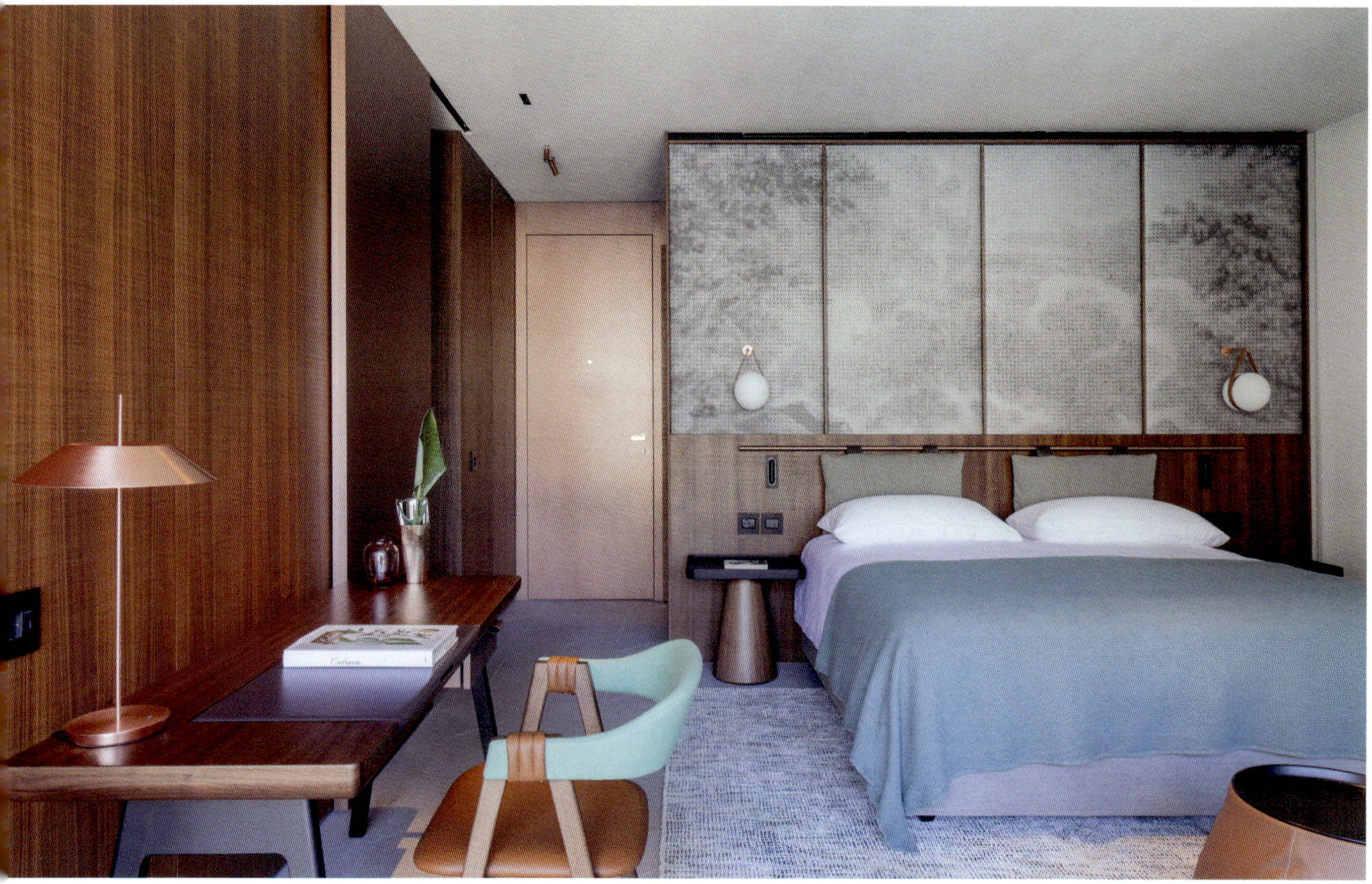

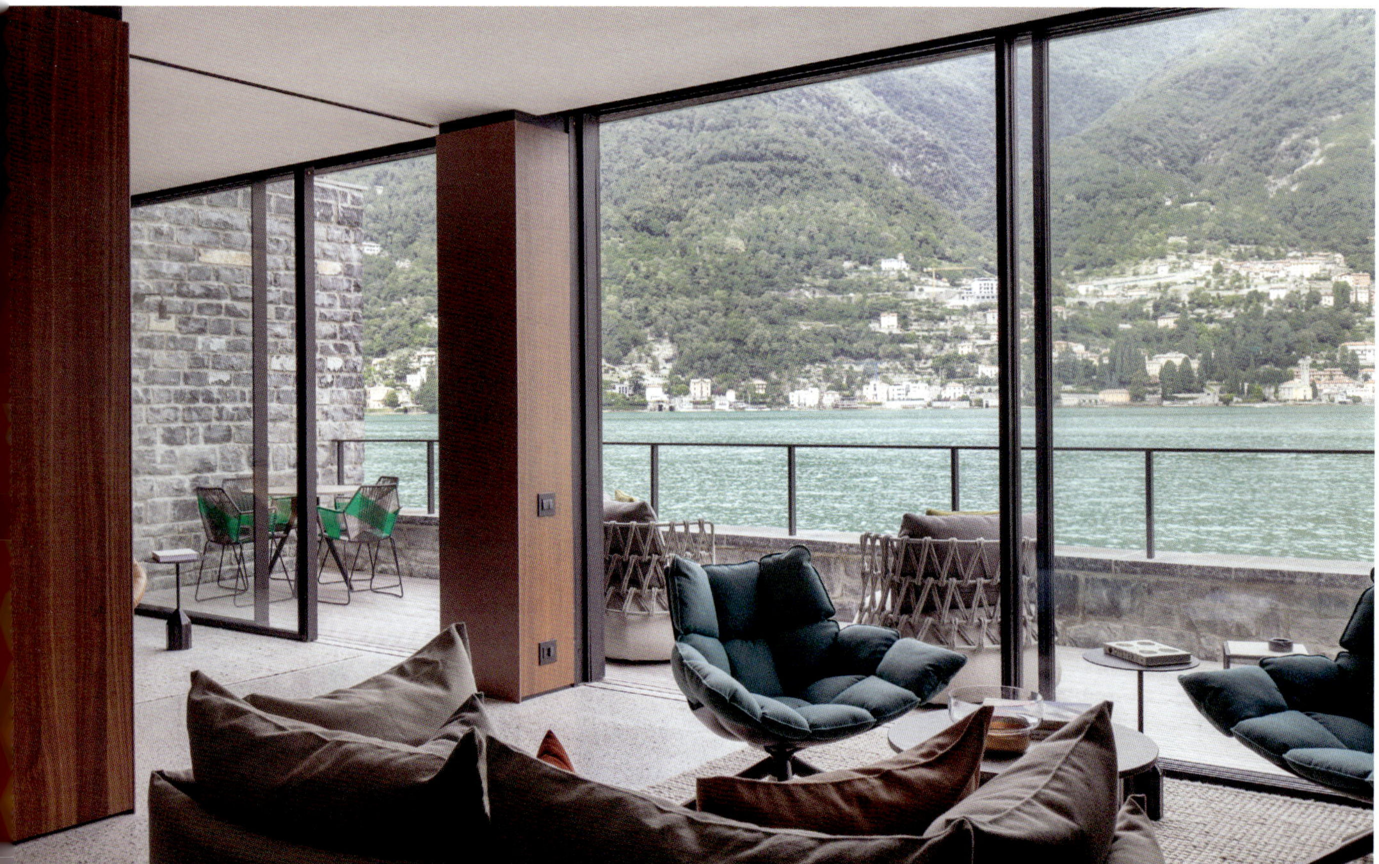

BEAUTY ON THE BEACH
LA CHAUMIÈRE

The Côte Fleurie winds its way between the fashionable seaside resort of Deauville and dreamy Honfleur. The name says it all. Flowers, trees, meadows and fields line the flowering coastal road. This is where La Chaumière is hidden, a family-run estate and farmhouse on a romantic hill. The property is dated from the 17th century with old trees and direct access to the sea. Magnolias, splashing basins, a sleepy greenhouse as if it had fallen out of time, cosy loungers in the high dune grass. Pear and apple trees, poppies and wild roses. At first glance, a place out of a fairytale. Hidden between old chestnut trees a small tower from days gone by. Built in the typical Norman half-timbered style, small, handmade tendril and leaf ornaments lend the three buildings of the hotel their soul. A small grassy path leads through a wooden gate to the wide sandy beach. Breathe!

Zwischen dem mondänen Seebad Deauville und dem verträumten Honfleur schlängelt sich die Côte Fleurie entlang. Der Name ist Programm. Blumen, Bäume, Wiesen und Felder säumen die blühende Küstenstrasse. Hier versteckt sich La Chaumière, ein altes familiengeführtes Anwesen mit mehreren Gebäuden aus dem 17 Jahrhundert auf einem romantischen Hügel mit altem Baumbestand und direktem Zugang zum Meer. Magnolien, plätschernde Wasserbecken, ein kleines Treibhaus wie aus der Zeit gefallen, gemütliche Lounger im hohen Dünengras. Birnen- und Apfelbäume, Mohn und Buschröschen. Versteckt zwischen alten Kastanien ein kleines Türmchen aus vergangenen Tagen. Im typisch normannischen Fachwerkstil erbaut, verleihen kleine, handgearbeitete Ranken – und Blätterornamente dem Hotel ihre Seele. Auf den ersten Blick ein Ort wie aus einem Märchen. Ein kleiner grasbewachsener Weg führt über das Gelände direkt an den weiten, weißen Sandstrand. Aufatmen!

La Côte Fleurie serpente entre la station balnéaire branchée de Deauville et le rêveur Honfleur. Le nom en dit long. Fleurs, arbres, prairies et champs bordent la route côtière fleurissante. C'est là que se cache La Chaumière, un domaine et une ferme familiale perchée sur une colline romantique. La propriété date du XVIIe siècle, avec de vieux arbres et un accès direct à la mer. Magnolias, bassins éclaboussants, une serre endormie comme si elle était sortie du temps, des fauteuils douillets dans l'herbe haute des dunes. Poiriers et pommiers, coquelicots et roses sauvages. À première vue, un lieu sorti d'un conte de fées. Cachée entre de vieux châtaigniers, une petite tour d'époques révolues. Construits dans le style normand typique à colombages, de petits ornements faits main en forme de vrilles et de feuilles confèrent aux trois bâtiments de l'hôtel leur âme. Un petit chemin herbeux mène à travers une porte en bois jusqu'à la vaste plage de sable. Respirez !

La Côte Fleurie serpentea entre la estación balnearia de moda de Deauville y la de ensueño de Honfleur. Su nombre lo dice todo. Flores, árboles, prados y campos bordean la floreciente carretera costera. Aquí es donde se esconde La Chaumière, una finca y granja familiar situada en una romántica colina. La propiedad data del siglo XVII, con árboles centenarios y acceso directo al mar. Magnolias, piletas de chapoteo, un invernadero adormecido como caído del tiempo, tumbonas acogedoras en la hierba alta de las dunas. Perales y manzanos, amapolas y rosas silvestres. A primera vista, un lugar sacado de un cuento de hadas. Escondida entre viejos castaños, una pequeña torre de antaño. Construida en el típico estilo entramado normando, pequeños adornos de zarcillos y hojas hechos a mano dan alma a los tres edificios del hotel. Un pequeño camino cubierto de hierba conduce a través de una puerta de madera a la amplia playa de arena. Respire.

The fairytale interior of La Chaumière, lovingly decorated by the cordial owner Marie-Pier and her three children, is a successful mix of antiques from well-stocked fleamarkets, collected family treasures and modern elements. Vases, baskets, framed drawings and paintings create a cosy atmosphere. Marie-Pier's lovely daughter Elisa welcomes guests at breakfast which is served on handcrafted ceramics. Dogs are welcome and pampered as well. The sea is omnipresent. "We love living by the water." explains Marie-Pier. "It gives us so much energy and calms in the same time." 9 harmoniously and individually decorated rooms with half-timbering, wooden floors, exquisite linen and excellent bedding have bright shower baths and small terraces with legendary Adirondack chairs overlooking the sea. The second house, called Manoir de la Plage, has 6 beautiful, more modern rooms and the green salon, filled with pretty accessories, literature, lots of plants and cosy sofas. The Bergerie overlooks the ocean of lights of Le Havre and provides a romantic nest for lovers. In the in-house restaurant with outdoor terrace, Mari-Pier's talented sons Andrea and Louis serve guests delicious innovative fusion cuisine using the freshest ingredi ents such as salmon carpaccio with sesame wasabi or ginger avocado tartare with yuzu-marinated Madagascar prawns. On chilly evenings, the open fireplace is lit and guests are transported to a dream setting with a stylish candle - light dinner. For wellness fans there is a spa and covered heated pool, a tennis court and gym, and a fully equipped, light-filled yoga room with treetop views. There is a spa and heated pool, a tennis court and gym, and a fully equipped, light-filled yoga room with treetop views. The sandy beaches in front of the hotel are among the most beautiful in France. A true beach paradise to switch off and recharge. And at second glance, a place where you want to stay forever.

Das märchenhafte Interieur von La Chaumière von der herzlichen Besitzerin Marie-Pier und ihren drei Kindern liebevoll eingerichtet, ist ein gelungener Mix von Antiquitäten gutsortierter Trödelhändler, gesammelten Familienschätzen und modernen Elementen. Vasen, Körbe, Zeichnungen und Malereien verbreiten Wohlfühlatmosphäre. Morgens begrüßt Marie-Piers reizende Tochter Elisa die Gäste zum Frühstück, das auf handgefertigter Keramik serviert wird. Hunde sind willkommen und werden ebenfalls verwöhnt. „Wir lieben es am Meer zu leben." erklärt Marie-Pier. „Es schenkt uns Energie und gleichzeitig Entspannung." Das Meer ist allgegenwärtig. Die 9 harmonisch und individuell eingerichteten Zimmer mit Fachwerk, Holzböden, exquisiter Leinenbettwäsche und exzellenten Betten verfügen über ein helles Duschbad und kleine Terrassen mit Adirondack-Chairs und Blick aufs Wasser. Das zweite Haus, namens Manoir de la Plage, verfügt über 6 wunderschöne, moderner gestaltete Zimmer und den grünen Salon, bestückt mit hübschen Accessoires, Literatur, vielen Pflanzen und kuscheligen Sofas. Die Bergerie mit Blick auf das Lichtermeer von Le Havre bietet Verliebten ein romantisches Nest. Im Restaurant mit Außenterrasse bekochen Mari-Pier's talentierte Söhne Andréa und Louis Gäste mit innovativer Fusionküche unter Anwendung frischer Zutaten wie Lachscarpaccio an Sesamwasabi oder Ingwer-Avocado-Tartar mit Yuzu-marinierten Madagaskar-Garnelen. An kühlen Abenden wird der offene Kamin angezündet und Gäste werden mit einem candle-light dinner in eine Traumkulisse versetzt. Für Wellnessfans gibt es einen Spa und beheizten Pool, einen Tennisplatz und ein Gym, SUP's und Kanus sowie einen lichtdurchfluteten Yogaraum mit Blick in die Baumkronen. Die vor dem Hotel liegenden Sandstrände gehören mit zu den schönsten in Frankreich. Ein Strandparadies zum Abschalten und Auftanken. Und auf den zweiten Blick ein Ort, an dem man immer bleiben möchte.

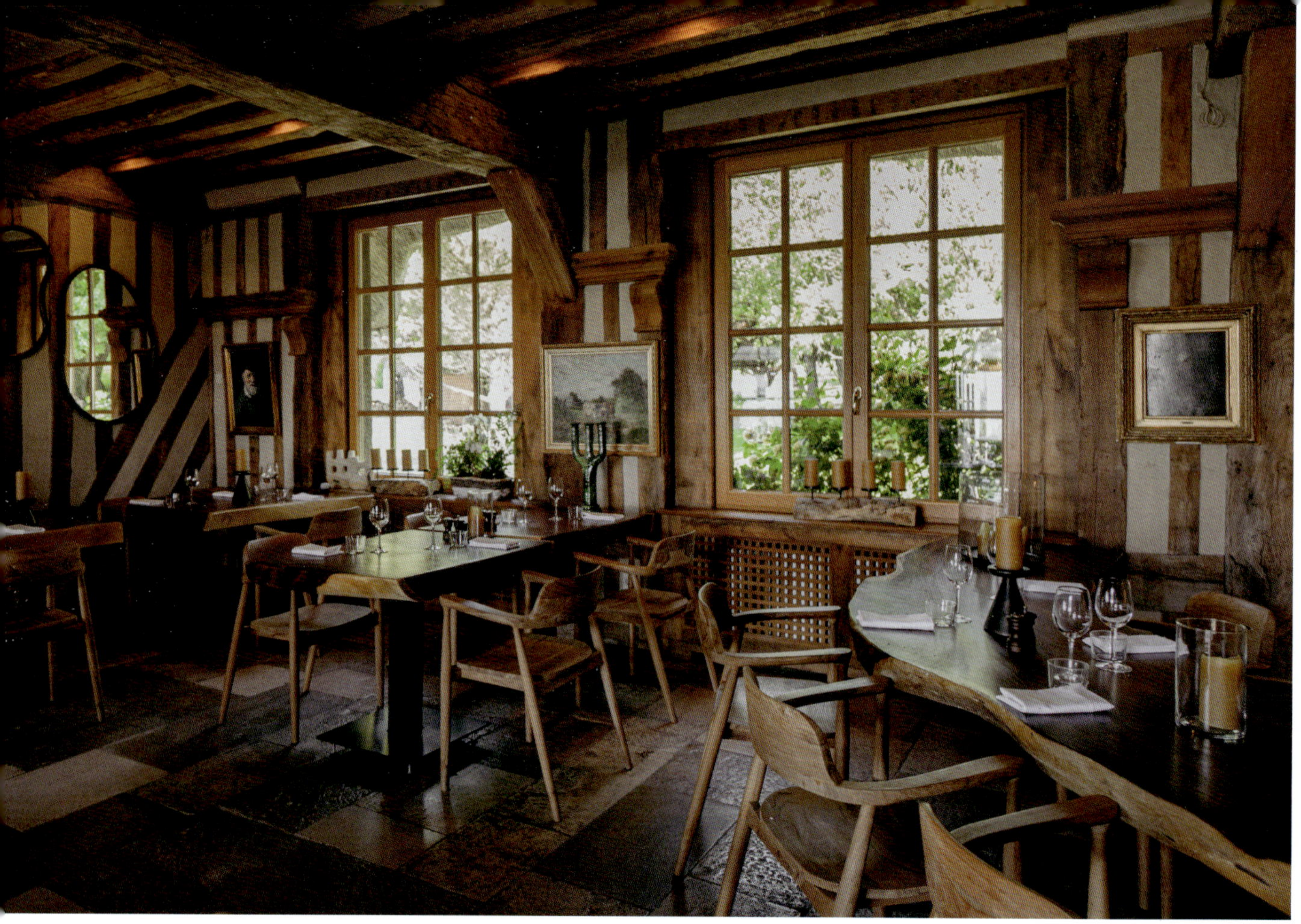

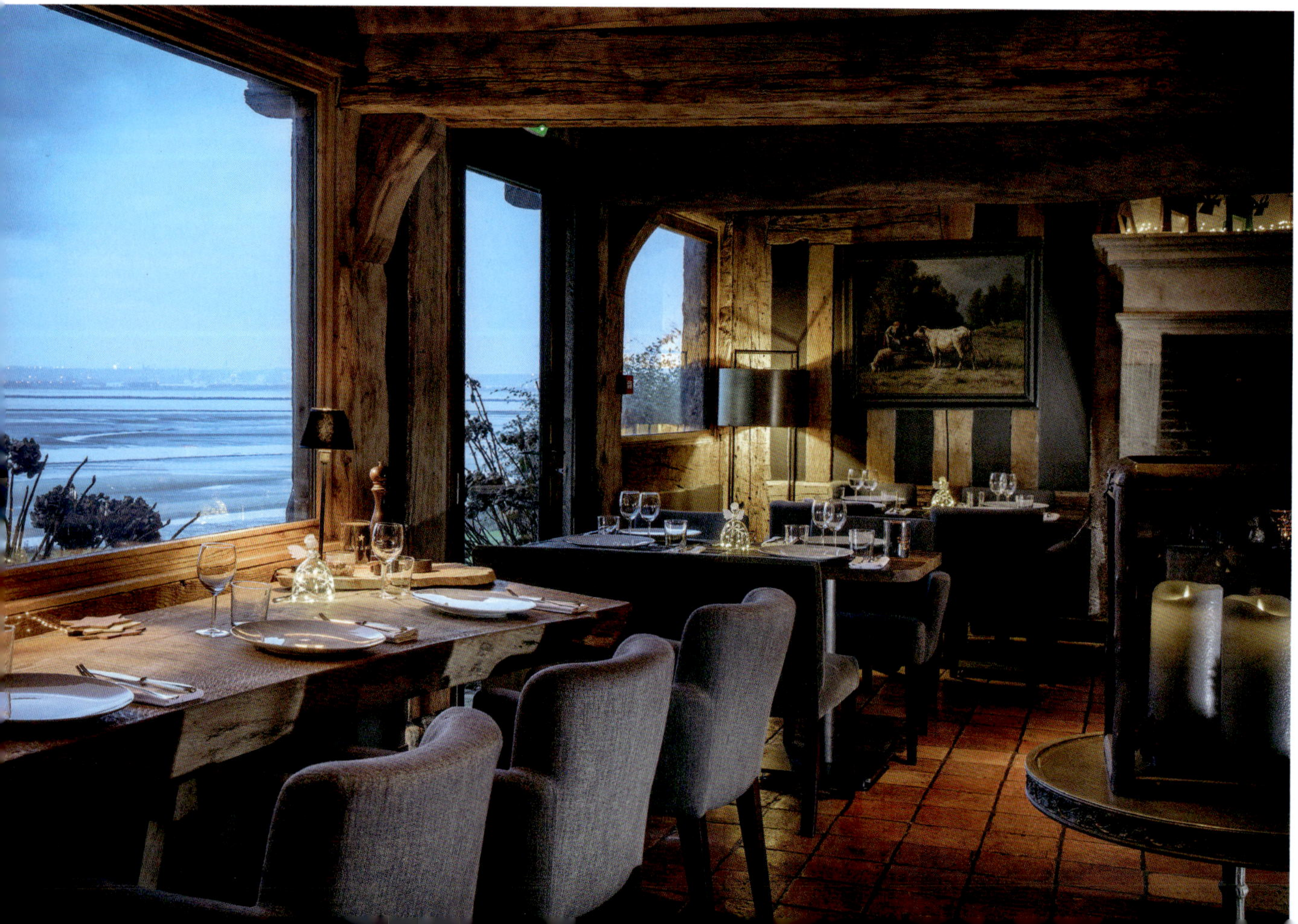

L'intérieur féerique de La Chaumière, décoré avec amour par la chaleureuse propriétaire Marie-Pier et ses trois enfants, est un mélange réussi d'antiquités provenant de marchés aux puces bien approvisionnés, de trésors de famille collectés et d'éléments modernes. Vases, paniers, dessins et peintures encadrés créent une atmosphère confortable. La charmante fille de Marie-Pier, Elisa, accueille les clients au petit-déjeuner, qui est servi sur des céramiques artisanales. Les chiens sont également les bienvenus et choyés. La mer est omniprésente. « Nous aimons vivre près de l'eau », explique Marie-Pier. « Cela nous donne tellement d'énergie et nous calme en même temps ». Neuf chambres harmonieusement et individuellement décorées, à colombages, parquet en bois, linge raffiné et excellente literie, possèdent des salles de douche lumineuses et de petites terrasses avec les légendaires chaises Adirondack offrant une vue sur la mer. La deuxième maison, appelée Manoir de la Plage, compte 6 belles chambres plus modernes et le salon vert, rempli de jolis accessoires, de littérature, de nombreuses plantes et de confortables canapés. La Bergerie domine l'océan de lumières du Havre et offre un nid romantique pour les amoureux. Dans le restaurant de l'hôtel avec terrasse extérieure, les talentueux fils de Mari-Pier, Andrea et Louis, servent aux clients une délicieuse cuisine innovante et fusionnée, utilisant les ingrédients les plus frais, tels que le carpaccio de saumon au wasabi de sésame ou le tartare d'avocat aux crevettes de Madagascar marinées au yuzu. Les soirées fraîches, la cheminée est allumée et les convives sont transportés dans un cadre de rêve avec un dîner aux chandelles élégant. Pour les amateurs de bien-être, il y a un spa et une piscine couverte chauffée, un court de tennis et une salle de sport, ainsi qu'une salle de yoga entièrement équipée et baignée de lumière avec vue sur les cimes des arbres. Il y a un spa et une piscine chauffée, un court de tennis et une salle de sport, ainsi qu'une salle de yoga entièrement équipée et baignée de lumière avec vue sur les cimes des arbres. Les plages de sable devant l'hôtel figurent parmi les plus belles de France. Un véritable paradis sur la plage pour se déconnecter et se ressourcer. Et à y regarder de plus près, un endroit où l'on voudrait rester pour toujours.

El interior de cuento de hadas de La Chaumière, decorado con cariño por la cordial propietaria Marie-Pier y sus tres hijos, es una acertada mezcla de antigüedades de mercadillos bien surtidos, tesoros familiares coleccionados y elementos modernos. Jarrones, cestas, dibujos enmarcados y cuadros crean un ambiente acogedor. Elisa, la encantadora hija de Marie-Pier, recibe a los huéspedes en el desayuno, que se sirve en cerámica artesanal. Los perros también son bienvenidos y mimados. El mar está omnipresente. «Nos encanta vivir junto al agua», explica Marie-Pier. «Nos da mucha energía y calma al mismo tiempo». Las 9 habitaciones, armoniosa e individualmente decoradas con entramado de madera, suelos de madera, exquisita ropa de cama y excelentes sábanas, disponen de luminosas bañeras con ducha y pequeñas terrazas con las legendarias sillas Adirondack con vistas al mar. La segunda casa, llamada Manoir de la Plage, cuenta con 6 hermosas habitaciones más modernas y el salón verde, repleto de bonitos accesorios, literatura, muchas plantas y acogedores sofás. La Bergerie tiene vistas al océano de luces de Le Havre y constituye un nido romántico para los enamorados. En el restaurante de la casa, con terraza al aire libre, los talentosos hijos de Mari-Pier, Andrea y Louis, sirven a los huéspedes deliciosa cocina de fusión innovadora con los ingredientes más frescos, como carpaccio de salmón con wasabi de sésamo o tartar de aguacate y jengibre con gambas de Madagascar marinadas en yuzu. En las noches frías, se enciende la chimenea y los comensales se transportan a un entorno de ensueño con una elegante cena a la luz de las velas. Para los amantes del bienestar hay un spa y una piscina cubierta climatizada, una pista de tenis y un gimnasio, así como una sala de yoga totalmente equipada y luminosa con vistas a las copas de los árboles. Hay un spa y una piscina climatizada, una pista de tenis y un gimnasio, así como una sala de yoga totalmente equipada y luminosa con vistas a las copas de los árboles. Las playas de arena frente al hotel se encuentran entre las más bellas de Francia. Un auténtico paraíso playero para desconectar y recargar pilas. Y a primera vista, un lugar donde querrá quedarse para siempre.

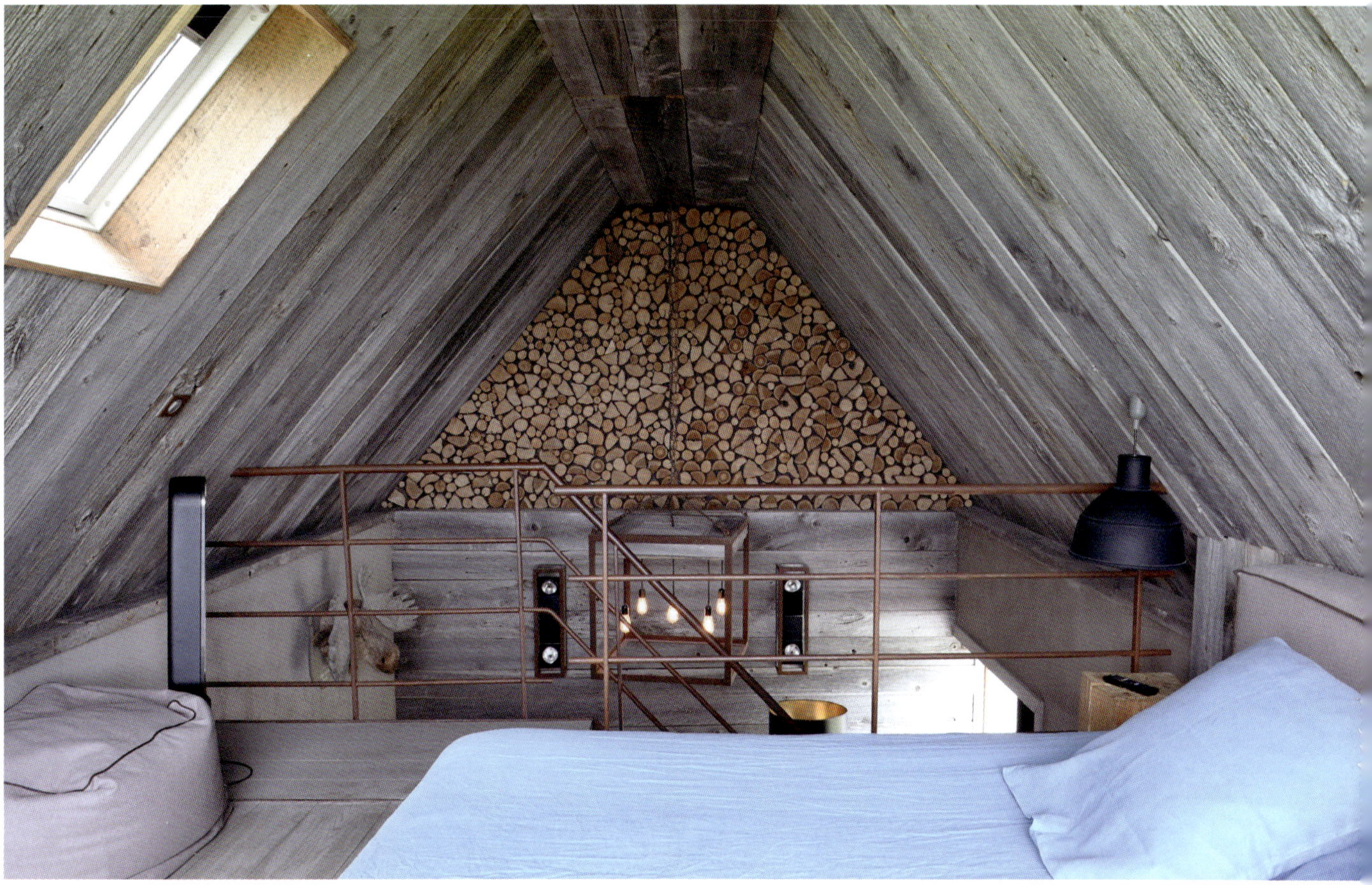

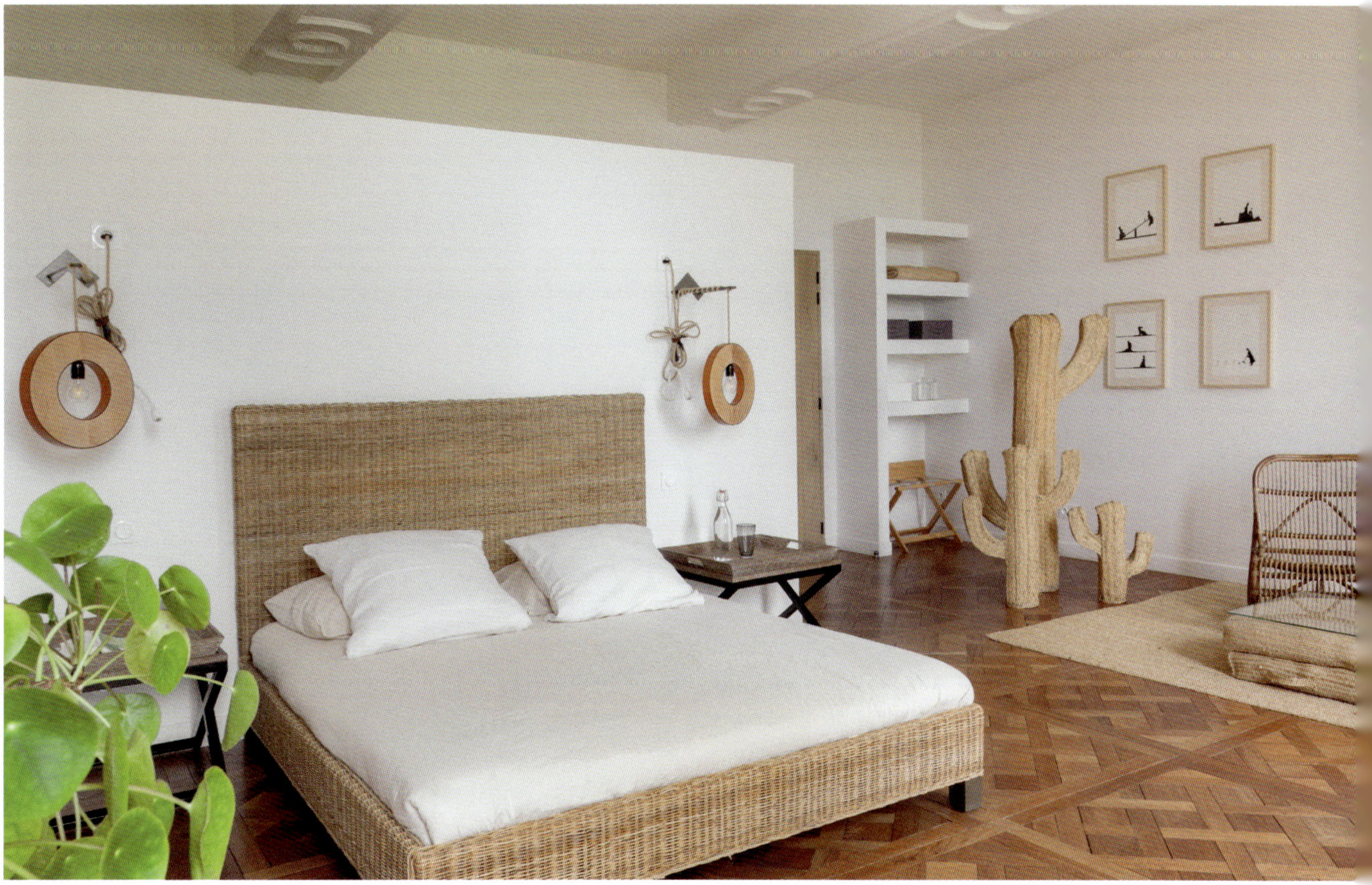

Perched atop cliffs on the Sorrentine Peninsula in the Tyrrhenian Sea, the charming, citrus-blossom-scented town of Sorrento is renowned for its sweeping water views across the Mediterranean, from the glittering bay of Naples to Mt Vesuvius, its lemon groves, Limoncellos and fritto misto, swarms of Vespas, and the nostalgic Piazza Tasso. It is also the start of the magnificent Amalfi Coast with rugged shores and the limestone backbone Monti Lattari Mountain range. Here the Sea is at its best with crystal-clear waters and abundant marine life. Maison La Minervetta, the family property, was originally built in the 50's and has been restored by its owner, the scenographer and interior decorator Marco de Luca, and redesigned into a stunning boutique hotel. Namesake to the Roman Goddess Minerva, the hotel sits on a spectacular sea cliff overlooking the fishing harbour Marina Grande, with its pastel-coloured houses and reflects the Sea in the stylish marine interior's bold colours and patterns.

Die charmante, nach Zitrusblüten duftende Stadt Sorrent liegt auf den Klippen der sorrentinischen Halbinsel im Tyrrhenischen Meer und ist bekannt für ihren Blick über das Mittelmeer, von der glitzernden Bucht von Neapel bis zum Vesuv, ihre Zitronenhaine, Limoncellos und fritto misto, Schwärme von Vespas und die nostalgische Piazza Tasso. Hier beginnt auch die herrliche Amalfiküste mit ihren zerklüfteten Ufern und dem Kalksteinmassiv der Monti Lattari. Das Meer zeigt sich hier von seiner schönsten Seite mit kristallklarem Wasser und einer reichen Unterwasserwelt. Das Familienanwesen Maison La Minervetta wurde in den 50er Jahren erbaut und von seinem Besitzer, dem Bühnenbildner und Innenarchitekten Marco de Luca restauriert und zu einem traumschönen Boutique-Hotel umgestaltet. Das nach der römischen Göttin Minerva benannte Hotel liegt auf einer Klippe mit Blick auf den Fischerhafen Marina Grande und seinen pastellfarbenen Häusern und spiegelt das Meer in seiner maritimen Einrichtung wider.

Perchée au sommet de falaises sur la péninsule de Sorrente, dans la mer Tyrrhénienne, la charmante ville parfumée aux agrumes de Sorrente est réputée pour ses vues panoramiques sur la mer Méditerranée, depuis la scintillante baie de Naples jusqu'au mont Vésuve, ses vergers de citronniers, ses Limoncellos et son fritto misto, ses essaims de Vespas et la nostalgique Piazza Tasso. C'est également le point de départ de la magnifique côte amalfitaine, avec ses côtes escarpées et la chaîne de montagnes calcaires des Monti Lattari. Ici, la mer est à son meilleur avec des eaux cristallines et une abondante vie marine. Maison La Minervetta, la propriété familiale, a été construite à l'origine dans les années 50 et a été restaurée par son propriétaire, le scénographe et décorateur d'intérieur Marco de Luca, et transformée en un superbe hôtel-boutique. Portant le nom de la déesse romaine Minerve, l'hôtel est perché sur un spectaculaire promontoire marin surplombant le port de pêche de Marina Grande, avec ses maisons aux couleurs pastel, et reflète la mer dans son élégant intérieur marin aux couleurs et motifs audacieux.

En lo alto de los acantilados de la península sorrentina, en el mar Tirreno, la encantadora ciudad de Sorrento, perfumada de cítricos y flores, es famosa por sus amplias vistas al Mediterráneo, desde la resplandeciente bahía de Nápoles hasta el Vesubio, sus limoneros, limoncellos y fritto misto, sus enjambres de Vespas y la nostálgica Piazza Tasso. También es el comienzo de la magnífica Costa Amalfitana, con costas escarpadas y la cordillera de piedra caliza Monti Lattari. Aquí el mar está en su mejor momento, con aguas cristalinas y abundante vida marina. Maison La Minervetta, la propiedad familiar, se construyó originalmente en los años 50 y ha sido restaurada por su propietario, el escenógrafo y decorador de interiores Marco de Luca, y rediseñada en un impresionante hotel boutique. Bautizado con el nombre de la diosa romana Minerva, el hotel se asienta sobre un espectacular acantilado con vistas al puerto pesquero de Marina Grande, con sus casas de colores pastel, y refleja el mar en los atrevidos colores y estampados del elegante interior marino.

An expansive lounge, living room and reception area separated by arches, with striped sofas and comfortable chairs, welcome in reds, lemons, blues, and whites. Bookcases with volumes of photography, design, architecture and a multitude of ethnic objects, rare and unique pieces, ceramics, Vietri pottery, trouvailles, corals, vases, sculptures, and paintings gathered over the course of 30 years from travels around the world as part of Marco's collection turn this place into a nautical "Maison" away from home. "I intend to welcome our guests as if it were their private home and offer a unique atmosphere." The style of the Maison is modern with warm touches and a bohemian symphony of colours. The objects have not only an aesthetic meaning but are design pieces by Artemide, Flos, De Padova, Hermann Miller, Man Ray, Sottsass and Jacobsen.

Stunning ceramic tile work perfectly matches the interiors. Embracing local traditions, the fully equipped kitchen with blue and white check ceramic walls ornamented with souvenirs from Marco's travels is at the disposal of guests, with its legendary Italian espresso machine, fresh fruits and snacks and opens to a large furnished terrace with Royal Botania chairs, sun loungers, red umbrellas, and a view towards Mt Vesuvius. There is a pool carved in the rocks surrounded by Mediterranean greeneries and vistas to the coastline, the preferred hang-out spot during romantic sunset to enjoy a Limoncello Spritz! The custom-designed rooms with a graphic interior in the same colour scheme come with large floor-to-ceiling windows and sea views. Decorated with mid-century modern furniture, pillows, chaise lounges, wooden sailboats, shells, globes and maps and large-format quirky paintings provide a comfortable stay.

And if you are longing for some sea breeze, there is a private whitewashed staircase with 300 steps winding its way down straight to the beach and the Marina. A refreshing postcard-perfect place on the wish list for all.

Eine durch Rundbögen getrennte Lounge, ein Wohnzimmer und Empfangsbereich empfängt Gäste mit gestreiften Sofas und Sesseln in Rot, Gelb, Blau und Weiß. Bücherregale mit Bänden über Fotografie, Design, Architektur und eine Vielzahl von ethnischen Objekten, seltenen Sammlerstücken, Keramiken, Vietri-Töpferwaren, Trouvaillen, Korallen, Vasen, Skulpturen und Gemälde aus der ganzen Welt, die im Laufe von 30 Jahren auf Reisen rund um die Welt von Marco gesammelt wurden, machen diesen Ort zu einem nautischen „Maison" fern von zu Hause. „Ich möchte unsere Gäste so empfangen, als ob es eigenes Zuhause wäre und ihnen eine einzigartige Atmosphäre bieten." Der Stil der ‚Maison' ist modern mit warmen Akzenten und einer Symphonie aus Farben. Die Objekte haben nicht nur eine ästhetische Bedeutung, sondern sind Designerstücke von Artemide, Flos, De Padova, Hermann Miller, Man Ray, Sottsass und Jacobsen.

In Anlehnung an lokale Traditionen steht den Gästen eine voll ausgestattete Küche in blau- gefliester Keramik zur Verfügung, die mit weiteren Souvenirs von Marcos Reisen verziert ist. Sie verfügt über die legendäre italienische Espressomaschine, frisches Obst und Snacks und öffnet sich zu einer Terrasse mit Royal Botania-Stühlen, Sonnenliegen, Sonnenschirmen und Blick auf den Vesuv. Der in die Felsen gemeißelte Pool mediterranen Pflanzen umgeben bietet einen Blick auf die Küste - der bevorzugte Ort, um bei romantischem Sonnenuntergang einen Limoncello Spritz zu genießen! Die individuell gestalteten Zimmer mit grafischer Inneneinrichtung im gleichen Farbschema haben raumhohe Fenster und bieten alle den ersehnten Meerblick. Kissen, Chaiselongues, hölzerne Segelboote, Muscheln, Globen und Karten sowie großformatige Gemälde sorgen für einen angenehmen Aufenthalt.

Und wer sich nach einer Meeresbrise sehnt, kann über eine private, weiß getünchte Treppe mit 300 Stufen direkt zum Strand und zum Hafen laufen. Ein erfrischender, postkartenreifer Sehnsuchtsort auf der Wunschliste für alle!

Un vaste salon, un salon et une zone de réception séparée par des arches, avec des canapés rayés et des chaises confortables aux tons de rouge, de jaune, de bleu et de blanc, accueillent les invités. Des bibliothèques avec des volumes de photographie, de design, d'architecture et une multitude d'objets ethniques, de pièces rares et uniques, de céramiques, de poteries de Vietri, de trouvailles, de coraux, de vases, de sculptures et de peintures rassemblés au fil de 30 ans de voyages à travers le monde, faisant partie de la collection de Marco, transforment cet endroit en une 'Maison' nautique loin de chez soi. « J'ai l'intention d'accueillir nos invités comme s'ils étaient chez eux et de leur offrir une atmosphère unique ». Le style de la Maison est moderne avec des touches chaleureuses et une symphonie bohème de couleurs. Les objets ont non seulement une signification esthétique, mais ce sont des pièces de design d'Artemide, Flos, De Padova, Hermann Miller, Man Ray, Sottsass et Jacobsen.

Le superbe travail de carrelage en céramique correspond parfaitement aux intérieurs. En s'inspirant des traditions locales, la cuisine entièrement équipée avec des murs en céramique à carreaux bleus et blancs, ornée de souvenirs des voyages de Marco, est à la disposition des invités, avec sa légendaire machine à espresso italienne, des fruits frais et des collations, et s'ouvre sur une grande terrasse meublée avec des chaises Royal Botania, des chaises longues, des parasols rouges et une vue sur le mont Vésuve. Il y a une piscine creusée dans les rochers entourée de végétation méditerranéenne et avec des vues sur la côte, l'endroit préféré pour se détendre pendant les couchers de soleil romantiques et déguster un Limoncello Spritz ! Les chambres personnalisées avec un intérieur graphique dans la même palette de couleurs sont dotées de grandes baies vitrées avec vue sur la mer. Décorées avec des meubles modernes du milieu du siècle, des oreillers, des chaises longues, des voiliers en bois, des coquillages, des globes et des cartes, ainsi que des peintures excentriques de grand format, elles offrent un séjour confortable.

Et si vous avez envie d'une brise marine, il y a un escalier privé blanchi à la chaux avec 300 marches qui descend directement vers la plage et le port. Un lieu rafraîchissant et parfait comme sur une carte postale, sur la liste des souhaits de tous.

Un amplio salón, sala de estar y recepción separados por arcos, con sofás a rayas y cómodas sillas, dan la bienvenida en rojos, limones, azules y blancos. Librerías con volúmenes de fotografía, diseño, arquitectura y multitud de objetos étnicos, piezas raras y únicas, cerámicas de Vietri, corales, jarrones, esculturas y cuadros reunidos a lo largo de 30 años de viajes por todo el mundo como parte de la colección de Marco convierten este lugar en una «Maison» náutica lejos de casa. «Pretendo acoger a nuestros huéspedes como si fuera su casa particular y ofrecerles un ambiente único». El estilo de la Maison es moderno, con toques cálidos y una sinfonía bohemia de colores. Los objetos no sólo tienen un significado estético, sino que son piezas de diseño de Artemide, Flos, De Padova, Hermann Miller, Man Ray, Sottsass y Jacobsen.

Las impresionantes baldosas de cerámica combinan a la perfección con los interiores. Abrazando las tradiciones locales, la cocina totalmente equipada con paredes de cerámica a cuadros azules y blancos ornamentada con recuerdos de los viajes de Marco está a disposición de los huéspedes, con su legendaria máquina de café espresso italiano, fruta fresca y aperitivos, y se abre a una gran terraza amueblada con sillas Royal Botania, tumbonas, sombrillas rojas y vistas al monte Vesubio. Hay una piscina excavada en las rocas rodeada de vegetación mediterránea y vistas a la costa, el lugar preferido para pasar el rato durante una romántica puesta de sol y disfrutar de un Limoncello Spritz. Las habitaciones, diseñadas a medida y con un interior gráfico en la misma gama de colores, cuentan con grandes ventanales y vistas al mar. Decoradas con muebles modernos de mediados de siglo, almohadas, tumbonas, veleros de madera, conchas, globos terráqueos y mapas y cuadros extravagantes de gran formato proporcionan una estancia confortable.

Y si le apetece un poco de brisa marina, hay una escalera privada encalada de 300 escalones que baja directamente a la playa y al puerto deportivo. Un refrescante lugar de postal en la lista de deseos de todos.

141

SEA VIBES AND
BOTANICALS

MIKASA | BIZA AND
BEACHOUSE

Ibiza is mostly known for its bucolic countryside and a place of gathering. Mikasa, a sophisticated boutique hotel is more than a home. Honesty, consciousness, and wellbeing are all part of its ethos. A place for rest and nurture, gatherings and celebrating life, this Ibiza boutique hotel is a truly exceptional Balearic home away from home. Overlooking the Marina Botafoch and with the charming beach of Talamanca just a few steps away, Mikasa is a meeting point where the bohemian souls get together. Taking inspiration from the moon, Mikasa's 16 bedrooms provide a dreamy respite in stylish surroundings. With an innovative plant-based restaurant, a stunning rooftop, fascinating views out to the Mediterranean and the Unesco Heritage Site, Dalt Vila, everything flows in a way that is warm and welcoming here. Connection, sustainability and an organic way of life take centre stage as Mikasa embodies the laid-back lifestyle of the island enhanced by artistic features and objects from faraway lands.

Ibiza ist vor allem für seine bukolische Landschaft und als Ort der Begegnung bekannt. Mikasa, ein anspruchsvolles Boutique-Hotel, ist mehr als nur ein Zuhause. Ehrlichkeit, Bewusstsein und Wohlbefinden sind Teil seines Ethos. Dieses Boutique-Hotel auf Ibiza ist ein außergewöhnliches balearisches Zuhause in der Ferne, ein Ort, an dem man sich ausruhen und erholen, sich treffen und das Leben feiern kann. Mit Blick auf den Yachthafen Botafoch und nur wenige Schritte vom bezaubernden Strand von Talamanca entfernt, ist Mikasa ein Treffpunkt, an dem sich die Seelen der Bohème treffen. 16 Zimmer, vom Mond inspirierte Zimmer, bieten eine verträumte Erholung in stilvoller Umgebung. Mit einer innovativen pflanzenbasierten Küche, einer atemberaubenden Dachterrasse und einem faszinierenden Blick auf das Mittelmeer und die Unesco-Kulturerbestätte Dalt Vila ist das Mikasa ein Ort, an dem sich alles in einer warmen und einladenden Atmosphäre abspielt. Verbundenheit, Nachhaltigkeit und eine organische Lebensweise stehen im Mittelpunkt, denn Mikasa verkörpert den entspannten Lebensstil der Insel, der durch künstlerische Elemente und Objekte aus fernen Ländern noch verstärkt wird.

Ibiza est surtout connue pour sa campagne bucolique et un lieu de rassemblement. Mikasa, un hôtel-boutique sophistiqué est plus qu'une maison. L'honnêteté, la conscience et le bien-être font tous partie de sa philosophie. Un lieu de repos et d'éducation, de rassemblement et de célébration de la vie, cet hôtel-boutique d'Ibiza est un chez-soi vraiment exceptionnel aux Baléares. Surplombant la Marina Botafoch et avec la charmante plage de Talamanca à quelques pas, Mikasa est un point de rencontre où les âmes bohémiennes se retrouvent. Inspirées de la lune, les 16 chambres de Mikasa offrent un répit de rêve dans un cadre élégant. Avec un restaurant innovant à base de plantes, un toit époustouflant, des vues fascinantes sur la Méditerranée et le site du patrimoine de l'Unesco, Dalt Vila, tout coule d'une manière chaleureuse et accueillante ici. La connexion, la durabilité et un mode de vie organique occupent une place centrale alors que Mikasa incarne le style de vie décontracté de l'île rehaussé par des caractéristiques artistiques et des objets de terres lointaines.

Ibiza es sobre todo conocida por su bucólica campiña y lugar de reunión. Mikasa, un sofisticado hotel boutique, es más que un hogar. Honestidad, conciencia y bienestar forman parte de su filosofía. Este hotel boutique de Ibiza es un lugar excepcional para descansar y cuidarse, para reunirse y celebrar la vida. Con vistas al puerto deportivo de Botafoch y con la encantadora playa de Talamanca a sólo unos pasos, Mikasa es un punto de encuentro donde se reúnen las almas bohemias. Inspirándose en la luna, las 16 habitaciones de Mikasa ofrecen un respiro de ensueño en un entorno elegante. Con un innovador restaurante a base de plantas, una impresionante azotea, fascinantes vistas al Mediterráneo y a Dalt Vila, Patrimonio de la Unesco, todo fluye aquí de una manera cálida y acogedora. La conexión, la sostenibilidad y el estilo de vida orgánico son los protagonistas de Mikasa, que encarna el relajado estilo de vida de la isla realzado por elementos artísticos y objetos de tierras lejanas.

The holistic approach of Mikasa's plant-based kitchen focuses on locally sourced, seasonal ingredients and accompanied by tantalising drinks. Colourful dishes celebrate the bounty bestowed by Mother Earth and each one is an invitation to delight in the flavours and appreciate the interconnection between nature's abundance and our well-being. As the sun goes down Mikasa becomes a vibrant spot for delighting in cocktails with breathtaking views and magical moonlit evenings. With every detail thoughtfully curated to offer a memorable escape, time spent at Mikasa enhances well-being and relaxation. From Ayurveda workshops to astronomy sessions, Mikasa is a place to learn, heal and rejuvenate through transformative experiences. The boutique hotel can also be hired exclusively for retreats. Island Hospitality, the visionary team behind Mikasa also brings their expertise to Beachouse, a laid-back beach hangout located on Playa d'en Bossa, Ibiza's longest stretch of sand, a world away from the crowds. Offering shallow, pristine waters and a sandy sea bed, it is the ideal place to indulge in the rhythms of Ibiza lifestyle.

Days at Beachouse begin with the revitalising practice of beach yoga, accompanied by the gentle rhythm of the waves and the touch of the morning sun to awaken the senses and nourish mind, body and soul. Beachouse is a destination for a vibrant community of kindred individuals who appreciate a mindful way of life.

The restaurant and bar blend effortlessly with the natural surroundings. Menus showcase the flavours of the Mediterranean with a wide selection of dishes meant to be savoured and shared. Time slips by as ethnic, sounds drift into the air. Once the sun goes down, the rhythm takes a lively turn, amplifying the tempo infusing the atmosphere with a newfound energy. Friends and family feast on Mediterranean gastronomy and expertly crafted cocktails as DJs and nomad artists enhance the experience beneath the stars.

Der ganzheitliche Ansatz der pflanzenbasierten Küche konzentriert sich auf lokal bezogene, saisonale Zutaten, die von köstlichen Getränken begleitet werden. Die farbenfrohen Gerichte zelebrieren die von Mutter Erde geschenkte Fülle und jedes einzelne ist eine Einladung, sich an den Aromen zu erfreuen und die Verbindung zwischen dem Reichtum der Natur und unserem Wohlbefinden zu schätzen. Bei Sonnenuntergang wird Mikasa zu einem pulsierenden Ort, an dem man Cocktails und magische Mondscheinabende genießen kann. Von Ayurveda-Workshops bis hin zu Astronomiesitzungen ist Mikasa ein Ort zum Lernen, Heilen und Verjüngen durch transformative Erfahrungen. Das Boutique-Hotel kann auch exklusiv für Retreats gemietet werden. Island Hospitality, das visionäre Team hinter Mikasa, bringt sein Fachwissen auch in das Beachouse an der Playa d'en Bossa ein, Ibizas längstem Sandstrand, weit weg von den Menschenmassen. Mit seinem flachen, unberührten Wasser und dem sandigen Meeresgrund ist es der ideale Ort, um sich dem Rhythmus des ibizenkischen Lebensstils hinzugeben.

Die Tage im Beachouse beginnen mit einer belebenden Yoga-Praxis am Strand, begleitet vom sanften Rhythmus der Wellen und der Berührung der Morgensonne, um die Sinne zu wecken und Geist, Körper und Seele zu nähren. Beachouse ist ein Ziel für eine lebendige Gemeinschaft von Gleichgesinnten, die eine achtsame Lebensweise schätzen.

Das Restaurant und die Bar fügen sich mühelos in die natürliche Umgebung ein. Auf der Speisekarte stehen die Aromen des Mittelmeers mit einer großen Auswahl an Gerichten, die zum Genießen und Teilen einladen. Die Zeit vergeht wie im Flug, während ethnische Klänge in der Luft schweben. Sobald die Sonne untergeht, nimmt der Rhythmus eine lebhafte Wendung, die das Tempo steigert und die Atmosphäre mit neuer Energie erfüllt. Freunde und Familie genießen die mediterrane Gastronomie und Cocktails, während DJs und nomadische Künstler das Erlebnis unter dem Sternenhimmel bereichern.

L'approche holistique de la cuisine à base de plantes de Mikasa se concentre sur des ingrédients locaux de saison et accompagnés de boissons alléchantes. Des plats colorés célèbrent la générosité de la Terre Mère et chacun est une invitation à se délecter des saveurs et à apprécier l'interconnexion entre l'abondance de la nature et notre bien-être. Au coucher du soleil, Mikasa devient un endroit animé pour savourer des cocktails avec des vues à couper le souffle et des soirées magiques au clair de lune. Avec chaque détail soigneusement conçu pour offrir une évasion mémorable, le temps passé à Mikasa améliore le bien-être et la détente. Des ateliers d'Ayurveda aux séances d'astronomie, Mikasa est un lieu pour apprendre, guérir et rajeunir grâce à des expériences transformatrices. L'hôtel de charme peut également être loué exclusivement pour des retraites. Island Hospitality, l'équipe visionnaire derrière Mikasa apporte également son expertise à Beachouse, un lieu de rencontre de plage décontracté situé sur Playa d'en Bossa, la plus longue étendue de sable d'Ibiza, un monde loin de la foule. Offrant des eaux peu profondes et cristallines et un fond marin sablonneux, c'est l'endroit idéal pour se livrer aux rythmes de la vie d'Ibiza.

Les journées à Beachouse commencent par la pratique revitalisante du beach yoga, accompagnée du doux rythme des vagues et du toucher du soleil du matin pour éveiller les sens et nourrir l'esprit, le corps et l'âme. Beachouse est une destination pour une communauté dynamique d'individus apparentés qui apprécient un mode de vie conscient.

Le restaurant et le bar se fondent sans effort dans l'environnement naturel. Les menus mettent en valeur les saveurs de la Méditerranée avec une large sélection de plats destinés à être savourés et partagés. Le temps s'écoule tandis que les sons ethniques dérivent dans l'air. Une fois le soleil couché, le rythme prend une tournure entraînante, amplifiant le tempo insufflant à l'atmosphère une énergie retrouvée. Amis et famille se régalent de gastronomie méditerranéenne et de cocktails savamment élaborés tandis que des DJ et des artistes nomades améliorent l'expérience sous les étoiles.

El enfoque completo de la cocina vegetal de Mikasa se centra en ingredientes locales de temporada acompañados de tentadoras bebidas. Los coloridos platos celebran la generosidad de la Madre Tierra y cada uno de ellos es una invitación a deleitarse con los sabores y apreciar la interconexión entre la abundancia de la naturaleza y nuestro bienestar. Cuando se pone el sol, Mikasa se convierte en un lugar vibrante para deleitarse con cócteles con vistas impresionantes y mágicas veladas a la luz de la luna. Con todos los detalles pensados para ofrecer una escapada memorable, el tiempo pasado en Mikasa aumenta el bienestar y la relajación. Desde talleres de Ayurveda hasta sesiones de astronomía, Mikasa es un lugar para aprender, curarse y rejuvenecer a través de experiencias transformadoras. El hotel también puede alquilarse en exclusiva para retiros. Island Hospitality, el equipo visionario que está detrás de Mikasa, también aporta su experiencia a Beachouse, un lugar de descanso situado en Playa d'en Bossa, la franja de arena más larga de Ibiza, un mundo alejado de las multitudes. Con sus aguas poco profundas y cristalinas y su fondo arenoso, es el lugar ideal para dejarse llevar por el ritmo de vida ibicenco.

Los días en Beachouse comienzan con la revitalizante práctica de yoga en la playa, acompañada del suave ritmo de las olas y el toque del sol matutino para despertar los sentidos y nutrir mente, cuerpo y alma. Beachouse es el destino de una vibrante comunidad de personas afines que aprecian un modo de vida consciente.

El restaurante y el bar se funden sin esfuerzo con el entorno natural. Los menús muestran los sabores del Mediterráneo con una amplia selección de platos para saborear y compartir. El tiempo se desliza mientras los sonidos étnicos flotan en el aire. Una vez que se pone el sol, el ritmo se anima, amplificando el tempo e infundiendo al ambiente una energía renovada. Amigos y familiares se dan un festín de gastronomía mediterránea y cócteles elaborados por expertos mientras DJ y artistas nómadas mejoran la experiencia bajo las estrellas.

The drive leads along the magnificent Crete coastline with its liquid horizons and infinite shades of blues, passing hamlets with typical powder-white houses and sleepy alleys straight towards the quiet South of the island. Arriving is best just when the birds put themselves to sleep to shut the whirling world out. The sound of splashing waves against the rocks, accompanied by slow, chilled beats from the DJ, cradles into the night. Curiosity, passion, aesthetics. Numolerapetra, in an unspoiled, secluded spot dotted with native Tamarisk trees, bougainvillea and rose bay, is a blissful relaxed adults-only barefoot beach resort that aspires to change the way guests experience a destination through tailor-made services and meaningful connections. As its name suggests, NUMO aims to do things differently – in a new modern way. Their goal is to genuinely connect their guests with the destination and its locals by offering them a wealth of immersive experiences.

Die Fahrt führt über eine Straße entlang der herrlichen Küstenlinie mit ihren fließenden Horizonten und unendlichen Blautönen, vorbei an Dörfern mit typisch kretischen puderweißen Häusern und verschlafenen Gassen in den ruhigen Süden der Insel. Am schönsten ist die Ankunft am Abend. Das Plätschern der Wellen gegen die Felsen begleitet von langsamen Beats des DJs, wiegt in die Nacht. Neugier, Passion, Ästhetik. Numolerapetra liegt an einem unberührten, abgeschiedenen Fleckchen Erde mit einheimischen Tamarisken, Bougainvillea und Weidenröschen und ist ein entspanntes Barfuß-Strandresort nur für Erwachsene, das die Art und Weise, wie Gäste ein Reiseziel erleben, durch maßgeschneiderte Dienstleistungen und sinnvolle Verbindungen verändern möchte. Wie der Name schon sagt, will NUMO die Dinge anders machen - auf eine neue, moderne Art. Ihr Ziel ist es, ihre Gäste mit dem Reiseziel und den Einwohnern in Kontakt zu bringen, indem sie ihnen eine Fülle von faszinierenden Erfahrungen bieten.

La route mène le long de la magnifique côte crétoise avec ses horizons liquides et ses infinies nuances de bleu, en passant par des hameaux aux maisons typiques d'un blanc poudré et des ruelles endormies directement vers le sud paisible de l'île. Il est préférable d'arriver juste au moment où les oiseaux s'endorment pour fermer le monde tourbillonnant. Le son des vagues éclaboussant contre les rochers, accompagné des rythmes lents et glacés du DJ, se prolonge dans la nuit. Curiosité, passion, esthétique. Numolerapetra, dans un endroit préservé et isolé parsemé de tamaris indigènes, de bougainvilliers et de baies de roses, est une station balnéaire pieds nus pour adultes et relaxante qui aspire à changer la façon dont les clients vivent une destination grâce à des services sur mesure et des connexions significatives. Comme son nom l'indique, NUMO vise à faire les choses différemment - d'une nouvelle manière moderne. Leur objectif est de connecter véritablement leurs invités avec la destination et ses habitants en leur offrant une multitude d'expériences immersives.

El viaje en coche recorre la magnífica costa de Creta, con sus horizontes líquidos e infinitos tonos azules, pasando por aldeas con típicas casas blancas como el polvo y callejuelas soñolientas, en dirección al tranquilo sur de la isla. Llegar es mejor justo cuando los pájaros se duermen para apagar el torbellino del mundo. El sonido del chapoteo de las olas contra las rocas, acompañado de los ritmos lentos y fríos del DJ, acunan la noche. Curiosidad, pasión, estética. Numolerapetra, en un paraje virgen y recóndito salpicado de tamariscos autóctonos, buganvillas y rosales, es un relajado y dichoso complejo de playa sólo para adultos que aspira a cambiar la forma en que los huéspedes experimentan un destino a través de servicios a medida y conexiones significativas. Como su nombre indica, NUMO pretende hacer las cosas de otra manera, de una forma nueva y moderna. Su objetivo es conectar de verdad a sus huéspedes con el destino y sus habitantes ofreciéndoles un sinfín de experiencias envolventes.

At the vast open-air lobby studded with countless exotic plants, a selection of coffee-table books and seatings Dimos serves delicious grapefruit-lavender welcome drinks. The bewitching scent of the Sea is present. Surrounded by lush Mediterranean gardens, the sun-drenched resort designed by Studio LOST is one of Europe's most sought-after holiday destinations. 17 overgrown buildings and cottages with over 100 rooms, some of them with private plunge pools that cascade all the way down to the beach as a gateway to a world of dreams, blend into the lush landscape and are designed as a Cretan village with the church in the middle and the Kafenè Greek coffee bar across. Rooms are filled with earthy colours, come with terraces or balconies with views across the fragrant flora and the Aegean Sea's brushed azure. Nature is the constant muse here. Guests can get pampered in the spa with restorative treatments such as the aromatherapy massage, opt for a Greek beach outfit at the fabulous boutique or book a private sunset cruise. The diving centre offers snorkelling or diving trips and hosts an underwater photo gallery with breathtaking images to explore our connection with the ocean. Based on love and creativity, the menus at both restaurants, Tamarisk and Menoa, are gastronomic symphonies. Cosy lounging areas and two freshwater pools with cabanas, seating and sun loungers are the favourite hangout place for all to watch the sunset and listen to evocating eclectic soundtracks by DJ Nacho Sotomayor, music director for all Numo Hotels. The Maré Maré pool bar mixologist invites you to sip bespoke cocktails created from a diverse menu inspired by Crete's history, herbs, spices, and traditions, and a sandy beach promises one temptation after the other, sweeping vistas across and good vibes. The open-air cinema with an exciting range of movies at night offers another layer of entertainment. A Greek haven perfectly calibrated to provide the ultimate chilled island escape.

In der Open-Air-Lobby mit unzähligen exotischen Pflanzen, einer Auswahl an Bildbänden und Sitzgelegenheiten, serviert Dimos beim Check-in köstliche Grapefruit-Lavendel-Begrüßungscocktails. Der betörende Duft des Meeres ist überall. Das von mediterranen Gärten umgebene, sonnenverwöhnte Resort von Studio LOST entworfen, ist eines der begehrtesten Urlaubsziele Europas. 17 Gebäude und Cottages mit über 100 Zimmern, einige davon mit Plunge-Pools bilden das Tor zu Welt der Träume, fügen sich in die Landschaft ein und sind wie ein kretisches Dorf gestaltet, mit der Kirche in der Mitte und dem griechischen Café Kafenè nebenan. Die Zimmer sind in erdigen Farben gehalten und verfügen über Terrassen oder Balkone mit Blick auf duftende Fauna und das azurblaue Meer. Die Natur ist die ständige Muse. Gäste können sich im Spa mit erholsamen Behandlungen wie der Aromatherapie-Massage verwöhnen lassen, sich in der Boutique für ein Strandoutfit entscheiden oder eine private Sunset-Kreuzfahrt buchen. Das Tauchzentrum bietet Schnorchel- oder Tauchausflüge an und präsentiert eine Unterwasser-Fotogalerie mit atemberaubenden Bildern, die unsere Verbindung mit dem Meer erforschen. Die auf Leidenschaft und Kreativität basierenden Menüs der Restaurants Tamarisk und Menoa sind gastronomische Symphonien. Lounger und zwei Pools mit Cabanas, und Sonnenliegen sind beliebter Treffpunkt für alle, um den Sonnenuntergang zu beobachten und den eklektischen Soundtracks von DJs Nacho Sotomayor zu lauschen, dem Musikdirektor für alle Numo Hotels. Der Mixologe der Poolbar Maré Maré lädt zu maßgeschneiderten Cocktailkreationen ein, die von der Geschichte, den Kräutern, Gewürzen und Traditionen Kretas inspiriert sind, und der Sandstrand verspricht eine Versuchung nach der anderen, Ausblicke und gute Laune. Das Freiluftkino mit spannendem Filmangebot am Abend bietet eine weitere Ebene der Unterhaltung. Ein griechischer Zufluchtsort, perfekt kalibriert, um die ultimative und entspannte Inselflucht zu garantieren.

Dans le vaste hall en plein air parsemé d'innombrables plantes exotiques, une sélection de livres de table basse et de sièges Dimos sert de délicieuses boissons de bienvenue pamplemousse-lavande. Le parfum envoûtant de la Mer est bien présent. Entouré de jardins méditerranéens luxuriants, le complexe ensoleillé conçu par Studio LOST est l'une des destinations de vacances les plus prisées d'Europe. 17 bâtiments et cottages envahis par la végétation avec plus de 100 chambres, certains d'entre eux avec des piscines privées qui descendent jusqu'à la plage comme une passerelle vers un monde de rêves, se fondent dans le paysage luxuriant et sont conçus comme un village crétois avec l'église au milieu et le café grec Kafenè en face. Les chambres sont remplies de couleurs terreuses, dotées de terrasses ou de balcons avec vue sur la flore parfumée et l'azur brossé de la mer Égée. La nature est la muse constante ici. Les clients peuvent se faire dorloter au spa avec des soins réparateurs tels que le massage d'aromathérapie, opter pour une tenue de plage grecque dans la fabuleuse boutique ou réserver une croisière privée au coucher du soleil. Le centre de plongée propose des sorties snorkeling ou plongée et héberge une galerie de photos sous-marines avec des images à couper le souffle pour explorer notre lien avec l'océan. Basés sur l'amour et la créativité, les menus des deux restaurants, Tamarisk et Menoa, sont des symphonies gastronomiques. Des espaces de détente confortables et deux piscines d'eau douce avec cabanas, sièges et chaises longues sont le lieu de prédilection de tous pour regarder le coucher du soleil et écouter les bandes sonores éclectiques évocatrices du DJ Nacho Sotomayor, directeur musical de tous les hôtels Numo. Le mixologue du bar de la piscine Maré Maré vous invite à siroter des cocktails sur mesure créés à partir d'un menu varié inspiré de l'histoire, des herbes, des épices et des traditions de la Crète, et une plage de sable promet une tentation après l'autre, des vues panoramiques et de bonnes vibrations. Le cinéma en plein air avec une gamme passionnante de films la nuit offre une autre couche de divertissement. Un havre grec parfaitement calibré pour offrir l'ultime évasion insulaire réfrigérée.

En el amplio vestíbulo al aire libre tachonado de innumerables plantas exóticas, una selección de libros de mesa de café y asientos Dimos sirve deliciosas bebidas de bienvenida de pomelo y lavanda. El hechizante aroma del mar está presente. Rodeado de exuberantes jardines mediterraneos, este complejo bañado por el sol y diseñado por Studio LOST es uno de los destinos vacacionales más codiciados de Europa. 17 edificios y cabañas con más de 100 habitaciones, algunas de ellas con piscinas privadas que caen en cascada hasta la playa como puerta a un mundo de ensueño, se funden con el exuberante paisaje y están diseñadas como un pueblo cretense, con la iglesia en el centro y el café griego Kafenè al otro lado. Las habitaciones están llenas de colores terrosos, disponen de terrazas o balcones con vistas a la fragante flora y al azul rozado del mar Egeo. La naturaleza es aquí la musa constante. Los huéspedes pueden dejarse mimar en el spa con tratamientos reconstituyentes como el masaje de aromaterapia, optar por un conjunto de playa griego en la fabulosa boutique o reservar un crucero privado al atardecer. El centro de submarinismo ofrece excursiones de snorkel o buceo y alberga una galería fotográfica submarina con imágenes impresionantes para explorar nuestra conexión con el océano. Basados en el amor y la creatividad, los menús de ambos restaurantes, Tamarisk y Menoa, son sinfonías gastronómicas. Acogedoras zonas de descanso y dos piscinas de agua dulce con cabañas, asientos y tumbonas son el lugar favorito de todos para contemplar la puesta de sol y escuchar las evocadoras bandas sonoras eclécticas del DJ Nacho Sotomayor, director musical de todos los hoteles Numo. El mixólogo del bar de la piscina Maré Maré invita a degustar cócteles creados a partir de una variada carta inspirada en la historia, las hierbas, las especias y las tradiciones de Creta, y la playa de arena promete una tentación tras otra, vistas panorámicas y buen ambiente. El cine al aire libre con una emocionante oferta de películas por la noche ofrece otra capa de entretenimiento. Un paraíso griego perfectamente calibrado para ofrecer la escapada isleña más relajada.

Rich culture, breath-taking nature, heavenly cuisine, unparalleled hospitality: Crete is the largest island of Greece that truly has something for everyone. Here you'll happen upon Minoan palaces and ruins of legendary cities; medieval Venetian fortifications and historical churches and monasteries; thought provoking museum exhibitions and impromptu folk singing and dancing. Amidst all this The Royal Blue: a lavish seaside resort with exceptional local cuisine, a private bay, and an endless horizon of Cretan blue.

Reiche Kultur, atemberaubende Natur, himmlische Küche, unvergleichliche Gastfreundschaft: Kreta ist die größte Insel Griechenlands, die wirklich für jeden etwas zu bieten hat. Hier stoßen Sie auf minoische Paläste und Ruinen legendärer Städte, mittelalterliche venezianische Festungen, historische Kirchen und Klöster, anregende Museumsausstellungen und improvisierte Volkstänze. Mittendrin das Royal Blue: ein großzügiges Strandhotel mit außergewöhnlicher lokaler Küche, einer privaten Bucht und einem endlosen Horizont aus kretischem Blau.

Culture riche, nature à couper le souffle, cuisine paradisiaque, hospitalité inégalée : la Crète est la plus grande île de Grèce qui a vraiment quelque chose pour tout le monde. Ici, vous tomberez sur des palais minoens et des ruines de villes légendaires ; fortifications vénitiennes médiévales et églises et monastères historiques ; des expositions de musée stimulantes et des chants et danses folkloriques impromptus. Au milieu de tout cela, The Royal Blue : une station balnéaire somptueuse avec une cuisine locale exceptionnelle, une baie privée et un horizon infini de bleu crétois.

Rica cultura, naturaleza impresionante, cocina celestial, hospitalidad sin igual: Creta es la isla más grande de Grecia y tiene algo para todos los gustos. Aquí encontrará palacios minoicos y ruinas de ciudades legendarias; fortificaciones venecianas medievales e iglesias y monasterios históricos; exposiciones museísticas que invitan a la reflexión e improvisados cantos y bailes folclóricos. En medio de todo esto, The Royal Blue: un lujoso complejo costero con una cocina local excepcional, una bahía privada y un horizonte infinito de azul cretense.

ROYAL BLUE, CRETE

The serene ambiance of an elegant Cretan seaside village in the scenery of this five-star hotel which waits for modern nomads. A fusion of traditional islander elements and contemporary design, with unobstructed views of the Aegean's endless deep blue blended with greenery and local herbs gardens in the very heart of Crete creates an atmosphere of sophistication, calm and intimacy.
Created with and for guests seeking a genuine understanding of Crete's, past and present – the character of its people, the harvests of the land and the colors, textures, and tastes of the local natural world.
With a color palette inspired by Crete's surrounding nature, the low-key breezy and cozy interiors aim to maximize serenity while each piece of furniture is handpicked from local vendors to reflect a contemporary Cretan look and feel in earthy tones and shades of blue.
With an extensive renovation in all rooms and villas, guests are invited to discover the resort in all its new, shiny glory with all the comforts someone can expect from a luxury five-star resort. This has resulted in a sophisticated yet infinitely relaxing atmosphere.
Living up to its promise as a true lifestyle hotel, the Royal Blue takes advantage of its private beach to offer a variety of experiences around it. Using the majestic Aegean blue as their backdrop, guest bartenders representing award-winning cocktail bars from all over Greece will showcase the finest cocktails the country has to offer. On top of this, international DJs will create the perfect setting for dancing on the beach while the sun sets. Wellness is also an important part of the experiences at the hotel. With a variety of yoga classes suiting all levels will give visitors the chance to stretch. A wonderful and authentic place to wind down and rest.

Das ruhige Ambiente eines eleganten kretischen Küstendorfes in der Kulisse dieses Fünf-Sterne-Hotels, das auf moderne Nomaden wartet, entspannt augenblicklich. Die Verschmelzung traditioneller Inselelemente in zeitgenössischem Design mit freiem Blick auf das unendliche Blau der Ägäis, gepaart mit Grünpflanzen und lokalen Kräutergärten im Herzen Kretas, schafft eine Atmosphäre von Raffinesse, Ruhe und Intimität.
Das Hotel wurde mit und für Gäste geschaffen, die ein wahres Verständnis für die Vergangenheit und Gegenwart Kretas suchen - den Charakter seiner Menschen, die Ernten des Landes und die Farben, Texturen und Geschmäcker der lokalen Naturwelt.
Mit einer Farbpalette inspiriert durch Kretas umliegender Natur, zielen die unaufdringlichen, luftigen und gemütlichen Innenräume auf Gelassenheit. Jedes Möbelstück ist von lokalen Händlern handverlesen und spiegelt ein zeitgenössisches kretisches Aussehen und Gefühl in erdigen Tönen und Blautönen wider.
Nach einer umfassenden Renovierung aller Zimmer und Villen sind Gäste eingeladen, das Resort in seiner neuen und glänzenden Pracht zu entdecken. Das Royal Blue wird seinem Anspruch als echtes Lifestyle-Hotel gerecht und nutzt seinen Privatstrand, um eine Vielzahl von Erlebnissen zu bieten.
Mit dem majestätischen Blau der Ägäis als Kulisse werden Gast-Barkeeper, die preisgekrönte Cocktailbars aus ganz Griechenland repräsentieren, die besten Cocktails des Landes präsentieren. Darüber hinaus werden internationale DJs für die perfekte Tanzkulisse während des Sonnenuntergangs am Strand sorgen. Auch Wellness ist ein wichtiger Bestandteil der Erlebnisse im Hotel. Eine Vielzahl von Yogakursen für jedes Niveau bietet den Besuchern die Möglichkeit, sich zu dehnen. Ein wunderbarer und authentischer Ort zum Abschalten und Ausruhen.

L'ambiance sereine d'un élégant village balnéaire crétois dans le décor de cet hôtel cinq étoiles qui attend les nomades modernes. Une fusion d'éléments insulaires traditionnels et d'un design contemporain, avec une vue imprenable sur le bleu profond infini de la mer Égée, mélangé à la verdure et aux jardins d'herbes locales au cœur même de la Crète, crée une atmosphère de sophistication, de calme et d'intimité.

Créé avec et pour les clients à la recherche d'une véritable compréhension de la Crète, passée et présente - le caractère de son peuple, les récoltes de la terre et les couleurs, textures et goûts du monde naturel local.

Avec une palette de couleurs inspirée de la nature environnante de la Crète, les intérieurs discrets et confortables visent à maximiser la sérénité tandis que chaque meuble est trié sur le volet par des vendeurs locaux pour refléter un look crétois contemporain dans des tons terreux et des nuances de bleu.

Grâce à une rénovation complète de toutes les chambres et villas, les clients sont invités à découvrir le complexe dans toute sa splendeur nouvelle et brillante avec tout le confort que l'on peut attendre d'un complexe de luxe cinq étoiles. Il en résulte une atmosphère sophistiquée mais infiniment relaxante.

Fidèle à sa promesse de véritable hôtel lifestyle, le Royal Blue profite de sa plage privée pour proposer autour de lui diverses expériences. Utilisant le majestueux bleu de la mer Égée comme toile de fond, des barmans invités représentant des bars à cocktails primés de toute la Grèce présenteront les meilleurs cocktails que le pays a à offrir. De plus, des DJ internationaux créeront le cadre idéal pour danser sur la plage au coucher du soleil. Le bien-être est également une partie importante des expériences à l'hôtel. Avec une variété de cours de yoga adaptés à tous les niveaux, les visiteurs auront la possibilité de s'étirer. Un endroit merveilleux et authentique pour se détendre et se reposer.

El ambiente sereno de un elegante pueblo costero cretense en el escenario de este hotel de cinco estrellas que espera a los nómadas modernos. Una fusión de elementos tradicionales isleños y diseño contemporáneo, con vistas despejadas al infinito azul profundo del Egeo mezclado con vegetación y jardines de hierbas locales en pleno corazón de Creta crea una atmósfera de sofisticación, calma e intimidad.

Creado con y para los huéspedes que buscan una comprensión genuina del lugar, pasado y presente, el carácter de su gente, las cosechas de la tierra y los colores, texturas y sabores del mundo natural local.

Con una paleta de colores inspirada en la naturaleza que rodea Creta, los acogedores y discretos interiores pretenden maximizar la serenidad, mientras que cada pieza de mobiliario ha sido seleccionada entre los vendedores locales para reflejar un aspecto cretense contemporáneo en tonos tierra y azules.

Con una amplia renovación en todas las habitaciones y villas, se invita a los huéspedes a descubrir el complejo en todo su nuevo y reluciente esplendor con todas las comodidades que alguien puede esperar de un complejo de lujo de cinco estrellas. El resultado es un ambiente sofisticado pero infinitamente relajante.

Haciendo honor a su promesa de verdadero hotel de estilo de vida, el Royal Blue aprovecha su playa privada para ofrecer diversas experiencias a su alrededor. Con el majestuoso azul del mar Egeo como telón de fondo, camareros invitados que representan a coctelerías galardonadas de toda Grecia mostrarán los mejores cócteles que ofrece el país. Además, DJ internacionales crearán el ambiente perfecto para bailar en la playa mientras se pone el sol. El bienestar es también una parte importante de las experiencias en el hotel. Con una variedad de clases de yoga para todos los niveles, los visitantes tendrán la oportunidad de estirarse. Un lugar maravilloso y auténtico para relajarse y descansar.

Crete is one of the largest islands in the Aegean Sea, one of simplicity and serenity, contrasts and contradictions, wilderness and sophisticated lifestyles, with a 650-mile breath-taking coastline, mountains and waterfalls. Here local traditions are celebrated; Cretans share their wisdom embracing culture and history, giving you a sense of home away from home with their heartfelt hospitality. Picturesque villages with white-washed houses, cobblestone alleys and the big blue are reminiscent of an easy summer vibe. And there is more! A haven awaits modern nomads on a serene coast with The Royal Senses Resort & Spa Crete, a Curio Collection by Hilton and a contemporary interpretation of the Cretan soul, blending local heritage with modern elements. Celebrating local roots has been the driving force behind the hotel's architecture and design. The landscape's rugged beauty juxtaposes the clean, minimal lines of the buildings positioned to ensure unobstructed views of the endless blue Sea.

Kreta, eine der größten Inseln in der Ägäis, steht für Leichtigkeit und Gelassenheit, Kontraste und Widersprüche, Wildnis und mondänen Lebensstil, mit einer 650 Meilen langen Meeresküste, Bergen und Wasserfällen. Hier werden lokale Traditionen zelebriert; Kreter teilen ihre Weisheit, Kultur und Geschichte und vermitteln mit ihrer Gastfreundschaft ein Gefühl von Geborgenheit. Malerische Dörfer mit weißgetünchten Häusern, kopfsteingepflasterte Gassen und das Meer erinnern an ewige Sommer. Und es gibt noch mehr! An einer ruhigen Küste liegt ein Refugium für moderne Nomaden. The Royal Senses Resort & Spa Crete, a Curio Collection by Hilton, eine zeitgenössische Interpretation kretischen Identität, verbindet lokales Erbe mit modernen Elementen. Die Huldigung einheimischer Wurzeln war die treibende Kraft hinter dem Konzept. Die raue Schönheit der Landschaft steht im Kontrast zu den klaren Linien der Gebäude, die so positioniert sind, dass sie einen ungehinderten Blick auf das endlose Blau bieten.

La Crète est l'une des plus grandes îles de la mer Égée, une île de simplicité et de sérénité, de contrastes et de contradictions, de nature sauvage et de styles de vie sophistiqués, avec une côte à couper le souffle de 650 miles, des montagnes et des cascades. Ici, les traditions locales sont célébrées ; les Crétois partagent leur sagesse en embrassant la culture et l'histoire, vous donnant ainsi un sentiment d'être chez soi loin de chez soi grâce à leur accueil chaleureux et sincère. Des villages pittoresques avec des maisons blanchies à la chaux, des ruelles pavées et le grand bleu rappellent une ambiance estivale facile. Et ce n'est pas tout ! Un havre de paix attend les nomades modernes sur une côte sereine avec le Royal Senses Resort & Spa Crete, une collection Curio by Hilton, une interprétation contemporaine de l'âme crétoise, mêlant patrimoine local et éléments modernes. Célébrer les racines locales a été la force motrice derrière l'architecture et le design de l'hôtel. La beauté sauvage du paysage contraste avec les lignes épurées et minimales des bâtiments, positionnés de manière à offrir des vues imprenables sur la mer bleue à perte de vue.

Creta es una de las mayores islas del mar Egeo, de sencillez y serenidad, contrastes y contradicciones, naturaleza salvaje y estilos de vida sofisticados, con un litoral de 1.000 km. que corta la respiración, montañas y cascadas. Aquí se celebran las tradiciones locales; los cretenses comparten su sabiduría abrazando la cultura y la historia, dándole una sensación de hogar lejos de casa con su sincera hospitalidad. Pueblos pintorescos con casas encaladas, callejuelas empedradas y el gran azul evocan un ambiente veraniego relajado. Y aún hay más. Un paraíso espera a los nómadas modernos en una costa serena con The Royal Senses Resort & Spa Creta, un Curio Collection by Hilton y una interpretación contemporánea del alma cretense, que mezcla el patrimonio local con elementos modernos. Celebrar las raíces locales ha sido la fuerza motriz de la arquitectura y el diseño del hotel. La belleza escarpada del paisaje se yuxtapone a las líneas limpias y minimalistas de los edificios, situados para garantizar vistas despejadas del infinito mar azul.

ROYAL SENSES, CRETE

In the bright entry hall, guests are greeted with the friendly "Kalimera" where cream raffia-covered panels, line walls and stone floors ensure an excellent welcome. The artwork is curated in a dialogue with the panelling, pendants hanging low, and the furniture invites to linger immediately. In the air, a gentle caressing breeze flows through wooden screens with reference to the traditional doors of Crete. Well positioned between the terrace and indoor lounge, the lobby bar serves icy espresso in the morning for late sleepers and crafted cocktails at sunset for night owls. To take advantage of the mild temperature, the indoor seating extends to the landscaped terrace blurring the boundaries between inside and out. The element of water is omnipresent with waterfalls at the market area swimming pool and aqua park. Ceilings are panelled in raffia and wood; planters and banquets add a refreshing touch of green and to a laid-back feel. A relaxing haven to hide away for guests seeking tranquillity. The generously sized rooms flow each towards their outdoor terrace. Every room features carpentry from highly skilled craftsmen, and cushions are entirely made by hand in traditional motifs from the local women weavers' association. Materials are tactile, local and honest, walls are textured, and surfaces and niches are thoughtfully accessorised with artefacts crafted by neighbouring. After spending the day either snorkelling in the azure waters, daydreaming on sun loungers of the private beach with feet in the warm sand, at the pool or in the incredible spa which offers herbal therapies, guests can choose one of the seven restaurants and bars which all offer Al Fresco dining from grandmother's recipes to local pop-up concepts. The mood is vibrant, the food excellent, specially creations of Michelin chef Kyriakis for the Gourmet Restaurant Cretamos. A luxury resort for contemporary globetrotters, lovers and modern nomads alike with unspoiled charm and genuine Cretan hospitality!

In der hellen Eingangshalle werden die Gäste in der legendären „Kalimera" begrüßt, wo cremefarbene, mit Bast überzogene Paneele, Wände und Steinböden für einen gelungenen Empfang sorgen. Kunstwerke stehen im Dialog mit den Täfelungen, und weiche Möbel laden zum Verweilen ein. In der Luft strömt eine sanfte Brise durch hölzerne Paravents, die an die traditionellen Türen Kretas erinnern und ein prägendes Gestaltungselement darstellen. In der Lobbybar, die strategisch sinnvoll zwischen der Terrasse und der Lounge im Innenbereich gelegen ist, werden morgens eiskalte Espressi für Langschläfer und abends Cocktails für Nachteulen serviert. Um die Vorteile der milden Temperaturen zu nutzen, reichen die Sitzgelegenheiten im Innenbereich bis zur begrünten Terrasse, so dass Grenzen verschwimmen. Das Element Wasser ist mit den Wasserfällen im Schwimmbad auf dem Markt und im Acqua-Park allgegenwärtig. Decken sind mit Bast und Holz getäfelt, Pflanzgefäße und Bänke sorgen für einen erfrischenden Hauch von Grün und ein entspanntes Ambiente. Die großzügigen Zimmer gehen alle auf eine eigene Terrasse hinaus. Tischlerarbeiten sind von kompetenten Handwerkern ausgeführt und Kissen werden mit traditionellen Motiven von der örtlichen Weberinnenvereinigung hergestellt. Die Materialien sind taktil, mit strukturierten Wänden und Nischen und mit Artefakten aus der Nachbarschaft dekoriert. Nachdem Gäste den Tag entweder beim Schnorcheln im azurblauen Wasser, auf den Liegestühlen des Privatstrandes, am Pool oder im Spa verbracht haben wo Kräutertherapie angeboten wird, können sie sich für eines der sieben Restaurants und Bars entscheiden, die allesamt Al-Fresco-Dining anbieten - von Omas Rezepten bis zu lokalen Pop-up-Konzepten. Die Stimmung ist ausgelassen, das Essen ausgezeichnet, vor allem die Kreationen des Michelin-Kochs Kyriakis für das Gourmet-Restaurant Cretamos. Ein Luxusresort für Weltenbummler, Verliebte und Nomaden mit unverfälschtem Charme und echter kretischer Gastfreundschaft!

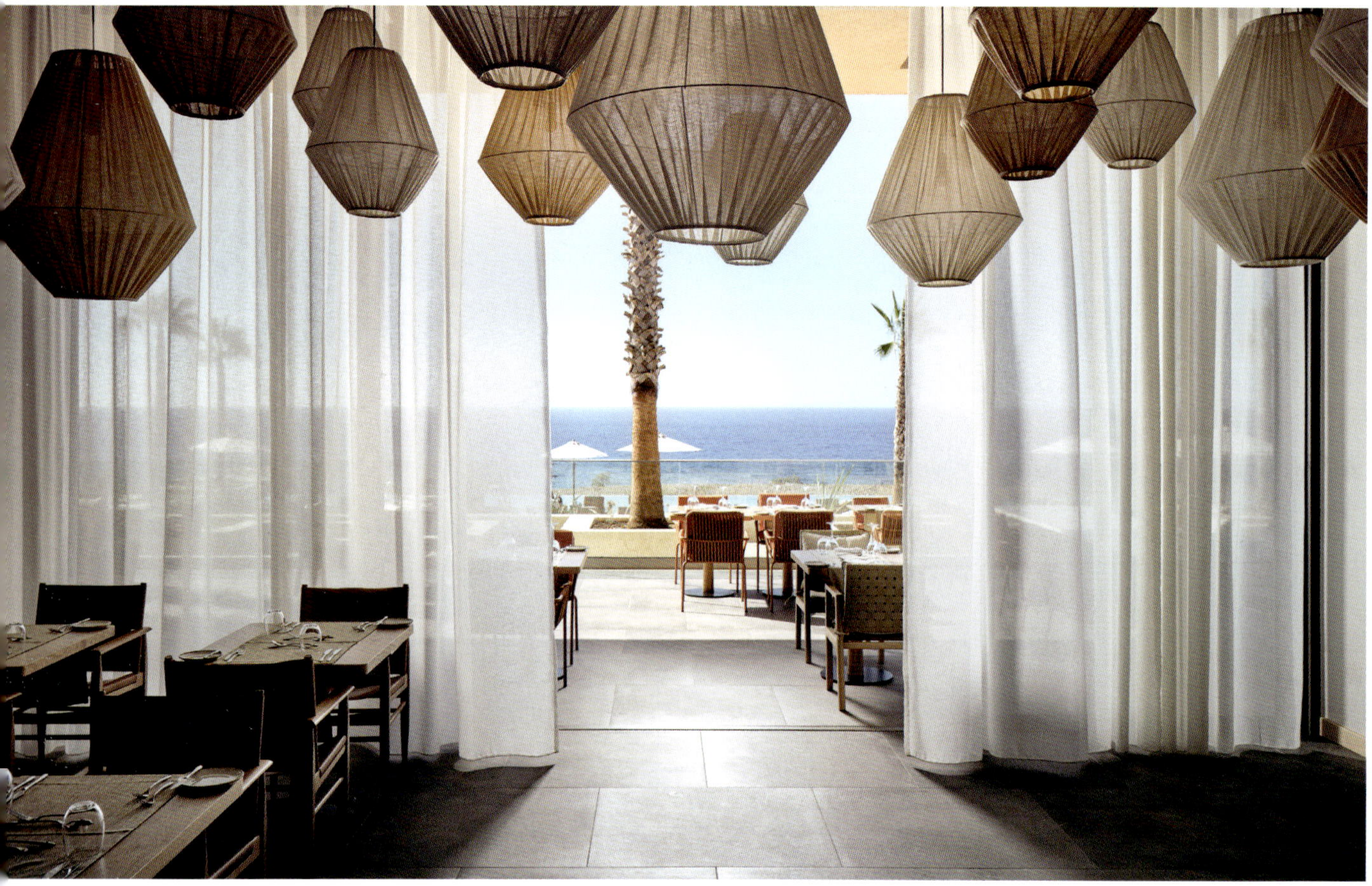

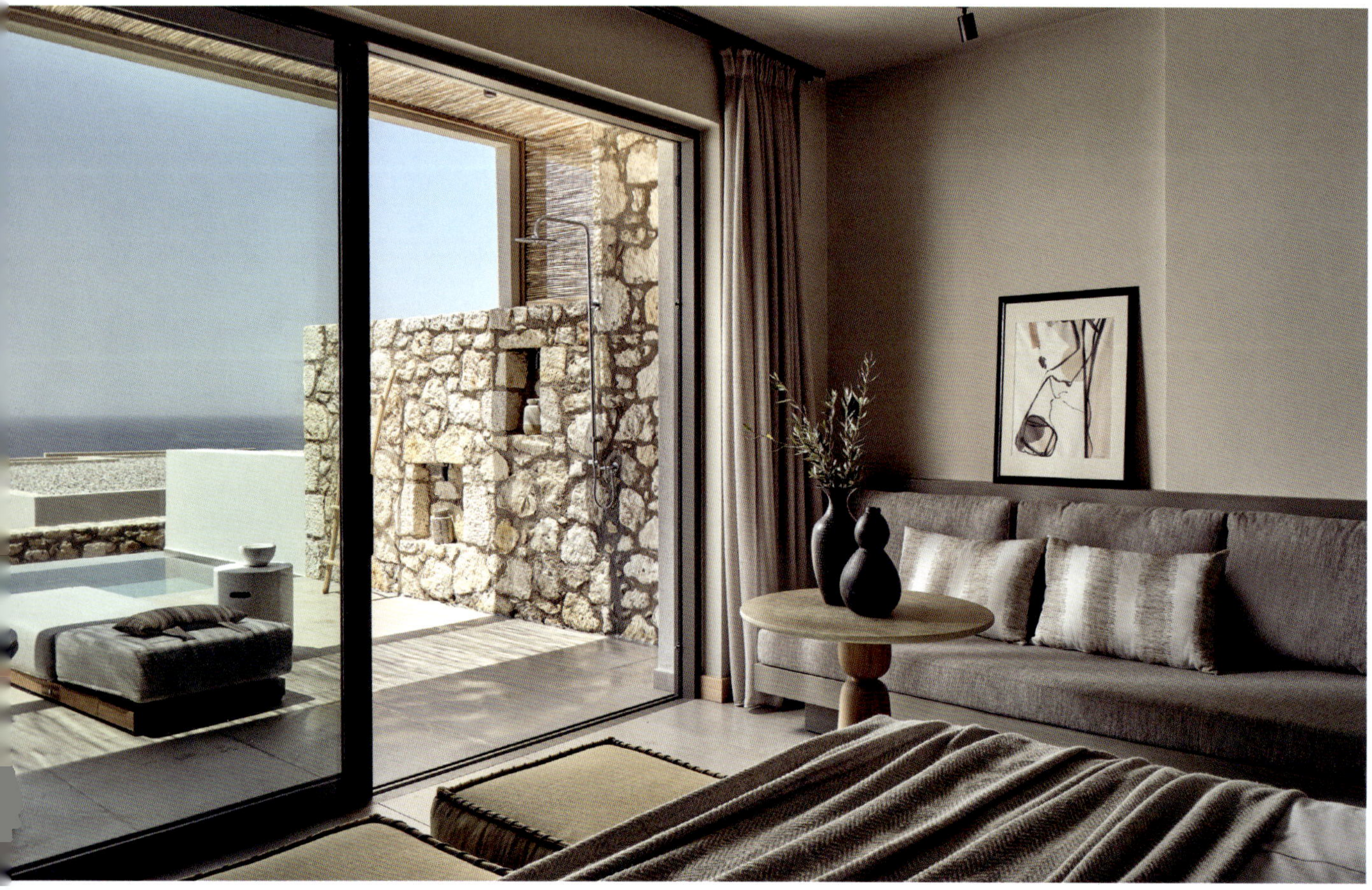

Dans le hall d'entrée lumineux, les clients sont accueillis avec un amical « Kalimera » où des panneaux en raphia crème recouvrent les murs et les sols en pierre assurent un excellent accueil. Les œuvres d'art sont soigneusement sélectionnées en dialogue avec les panneaux, les suspensions pendantes et les meubles invitent à s'attarder immédiatement. Dans l'air, une douce brise caresse les écrans en bois en référence aux portes traditionnelles de Crète. Bien placé entre la terrasse et le salon intérieur, le bar du hall sert des espressos glacés le matin pour les lève-tard et des cocktails élaborés au coucher du soleil pour les noctambules. Pour profiter de la douce température, les sièges intérieurs s'étendent jusqu'à la terrasse paysagée, brouillant les frontières entre l'intérieur et l'extérieur. L'élément de l'eau est omniprésent avec des cascades dans la zone du marché, la piscine et le parc Acqua. Les plafonds sont lambrissés en raphia et en bois ; des jardinières et des banquettes ajoutent une touche rafraîchissante de verdure et une atmosphère décontractée. Un havre de détente pour les clients en quête de tranquillité. Les chambres de taille généreuse s'ouvrent chacune sur leur terrasse extérieure. Chaque chambre est agrémentée de menuiserie réalisée par des artisans hautement qualifiés, et les coussins sont entièrement fabriqués à la main selon des motifs traditionnels de l'association des tisseuses locales. Les matériaux sont tactiles, locaux et sincères, les murs sont texturés et les surfaces et les niches sont décorées avec soin avec des objets artisanaux fabriqués par les artisans voisins. Après avoir passé la journée à faire de la plongée en apnée dans les eaux azur, à rêver éveillé sur les chaises longues de la plage privée avec les pieds dans le sable chaud, à la piscine ou dans l'incroyable spa proposant des thérapies à base de plantes, les clients peuvent choisir l'un des sept restaurants et bars qui proposent tous des repas en plein air, des recettes de grand-mère aux concepts locaux éphémères. L'ambiance est vibrante, la nourriture excellente, notamment les créations spéciales du chef étoilé Michelin Kyriakis pour le restaurant gastronomique Cretamos. Un complexe hôtelier de luxe pour les voyageurs contemporains, les amoureux et les nomades modernes, doté d'un charme préservé et d'une hospitalité crétoise authentique !

En el luminoso vestíbulo de entrada, los huéspedes son recibidos con la simpática «Kalimera», donde los paneles recubiertos de rafia color crema, las paredes lineales y los suelos de piedra garantizan una excelente bienvenida. Las obras de arte dialogan con los paneles, los colgantes cuelgan a poca altura y el mobiliario invita a quedarse inmediatamente. En el aire, una suave brisa acariciadora fluye a través de pantallas de madera con referencia a las puertas tradicionales de Creta. Bien situado entre la terraza y el salón interior, el bar del vestíbulo sirve espresos helados por la mañana para los trasnochadores y cócteles artesanales al atardecer para los noctámbulos. Para aprovechar la suave temperatura, los asientos del interior se extienden a la terraza ajardinada, desdibujando los límites entre el interior y el exterior. El elemento agua está omnipresente, con cascadas en la piscina de la zona del mercado y el parque Acqua. Los techos están revestidos con paneles de rafia y madera; las jardineras y los banquetes añaden un refrescante toque de verde y un ambiente relajado. Un refugio relajante para los huéspedes que buscan tranquilidad. Las habitaciones, de generosas dimensiones, fluyen cada una hacia su terraza exterior. Todas las habitaciones cuentan con carpintería realizada por artesanos altamente cualificados, y los cojines están hechos totalmente a mano con motivos tradicionales de la asociación local de tejedoras. Los materiales son táctiles, locales y honestos, las paredes están texturizadas y las superficies y nichos están cuidadosamente decorados con objetos elaborados por los vecinos. Después de pasar el día buceando en las aguas azules, soñando despierto en las tumbonas de la playa privada con los pies en la cálida arena, en la piscina o en el increíble spa que ofrece terapias herbales, los huéspedes pueden elegir uno de los siete restaurantes y bares que ofrecen cenas al aire libre, desde recetas de la abuela hasta conceptos pop-up locales. El ambiente es vibrante, la comida excelente, especialmente las creaciones del chef Michelin Kyriakis para el Restaurante Gourmet Cretamos. Un complejo de lujo para trotamundos contemporáneos, amantes y nómadas modernos por igual, con un encanto intacto y la auténtica hospitalidad cretense.

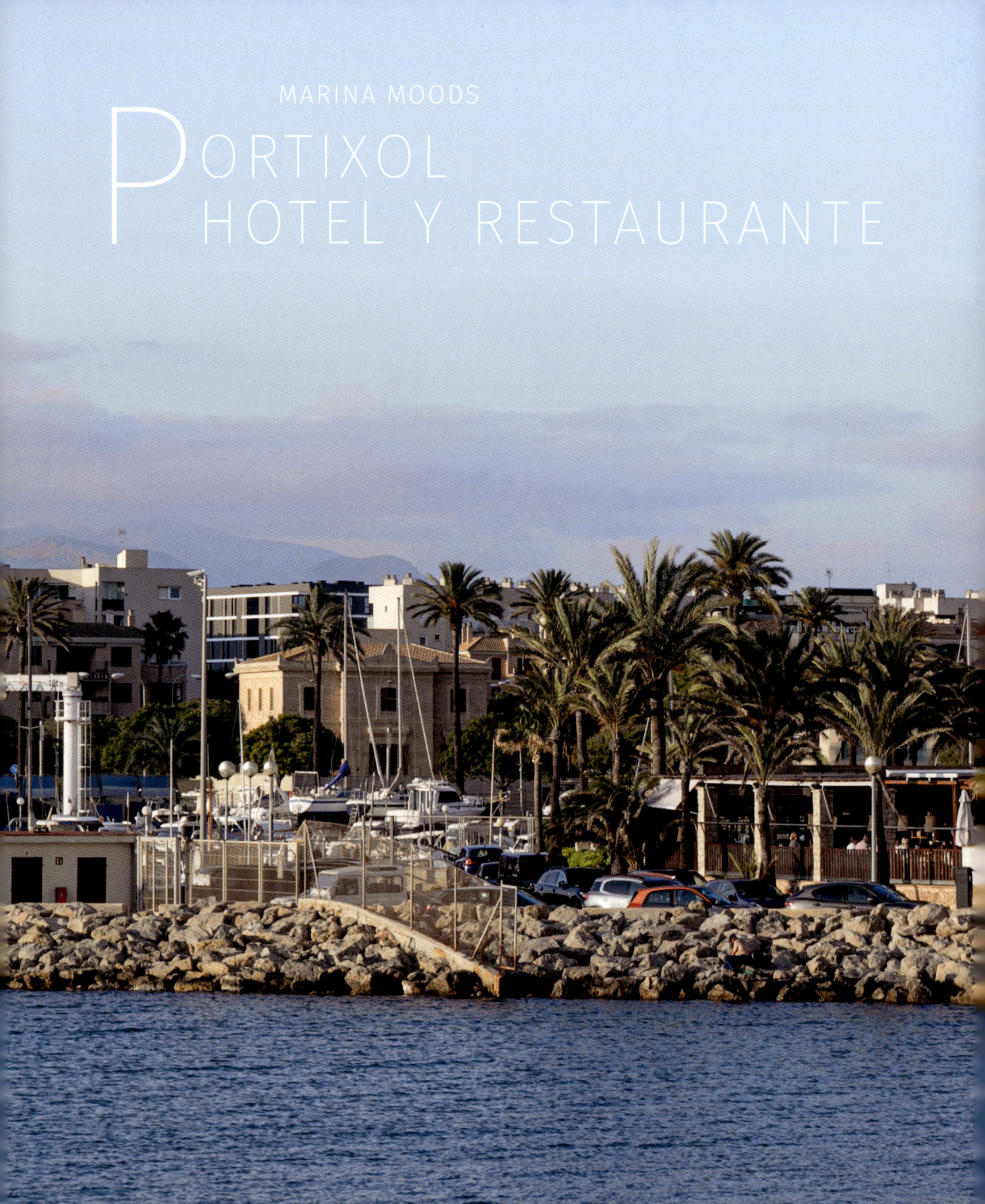

MARINA MOODS

Portixol
Hotel y Restaurante

The quite fishing village of Portixol, a former neighbourhood of Molinar and just 30 minutes walking distance from Palma's Cathedral, used to be an anchor point for the fishing industry and has turned into a charming hang-out spot for visitors and locals alike, merging tradition and modernism with its yacht and fishing marina, curved waterfront promenade, coastal cycle path and sun-drenched beaches. It is one of the hippest and cutest villages by the sea right next to the capital, with a vibrant lifestyle by day and night, with movers and shakers, and brimming with Mediterranean flair. One can stroll, skate or bike along for hours, passing lovely restaurants, cool bars, boutiques and beach cabanas Portixol Hotel y Restaurante, located between Palma and Portixol right in the middle bordering the marina, is one of the most exclusive and stunning beachfront properties in a fresh Scandi-Med colour mix and unparalleled views to the Mediterranean Sea.

Das beschauliche Fischerdorf Portixol, ein ehemaliger Stadtteil von Molinar und nur 30 Minuten Fußweg von Palmas Kathedrale entfernt, war früher ein Ankerpunkt für die Fischereiindustrie und hat sich zu einem charmanten Treffpunkt für Touristen und Einheimische entwickelt, der mit seinem Yacht- und Fischereihafen, der geschwungenen Uferpromenade, dem Küstenradweg und den sonnigen Stränden Tradition und Moderne miteinander verbindet. Es ist eines der angesagtesten und schönsten Dörfer am Meer jedoch in unmittelbarer Nähe der Hauptstadt, mit einem pulsierenden Leben bei Tag und bei Nacht, mit Macherinnen und Machern und mit mediterranem Flair. Hier kann man stundenlang spazieren gehen, skaten oder radeln und an netten Restaurants, coolen Bars, Boutiquen und Strandhütten vorbeischlendern. Das Portixol Hotel y Restaurante liegt zwischen Palma und Portixol und grenzt an den Yachthafen. Es ist eines der exklusivsten und schönsten Strandhotels mit einem frischen Scandi-Med-Farbmix und einem unvergleichlichen Blick auf das Mittelmeer.

Le paisible village de pêcheurs de Portixol, un ancien quartier de Molinar et à seulement 30 minutes à pied de la cathédrale de Palma, était autrefois un point d'ancrage pour l'industrie de la pêche et s'est transformé en un charmant lieu de rencontre pour les visiteurs et les habitants, fusionnant la tradition et le modernisme avec son port de plaisance et de pêche, sa promenade incurvée au bord de l'eau, sa piste cyclable côtière et ses plages ensoleillées. C'est l'un des villages les plus branchés et les plus mignons au bord de la mer juste à côté de la capitale, avec un style de vie dynamique de jour comme de nuit, avec des déménageurs et des shakers, et débordant de flair méditerranéen. On peut se promener, patiner ou faire du vélo pendant des heures, en passant devant de charmants restaurants, des bars sympas, des boutiques et des cabanes de plage. Portixol Hotel y Restaurante, situé entre Palma et Portixol, en plein milieu de la marina, est l'une des propriétés les plus exclusives et les plus étonnantes en bord de mer. dans un mélange de couleurs fraîches Scandi-Med et des vues incomparables sur la mer Méditerranée.

El tranquilo pueblo pesquero de Portixol, antiguo barrio del Molinar y a sólo 30 minutos a pie de la Catedral de Palma, fue un punto de anclaje para la industria pesquera y se ha convertido en un encantador lugar de encuentro para visitantes y lugareños por igual, fusionando tradición y modernismo con su puerto deportivo y pesquero, su curvado paseo marítimo, su carril bici costero y sus playas bañadas por el sol. Es uno de los pueblos más modernos y bonitos junto al mar, justo al lado de la capital, con un estilo de vida vibrante de día y de noche, con gente de moda y rebosante de estilo mediterráneo. Se puede pasear, patinar o ir en bicicleta durante horas, pasando por encantadores restaurantes, bares de moda, boutiques y cabañas de playa. Portixol Hotel y Restaurante, situado entre Palma y Portixol, justo en el centro, bordeando el puerto deportivo, es una de las propiedades más exclusivas e impresionantes en primera línea de playa, con una fresca mezcla de colores Scandi-Med e incomparables vistas al mar Mediterráneo.

Stepping into the spacious property feels like stepping out into the wide open – it's all about the light! "This is our Ocean Drive," says Mikael Landström, the Swedish owner of Portixol Hotel y Restaurante, who, together with his partner Johanna Björkman-Landström bought the hotel years ago when it was almost a ruin and renovated it from top to bottom. The interiors, impeccably styled, embody its owners' energetic yet relaxed vibes, come with a strong personality and are decorated in blue and green colour combos and kaleidoscopic palettes of textures and patterns which promise freshness on hot summer days. 25 rooms and suites with over 10 different categories, plenty of amenities and sea views invite you to land and linger. Whether it is at the iconic Atico with views to the lighthouse, the Mediterranean View Suite with an expansive terrace, the Port House Suite or a cosy Port View room, guests are surrounded by harbour vibes with nautical flags, squawking seagulls, dinghy slapping from lapping waves, bobbing wooden boats or sailboats chiming in the wind. Sunseekers can relax at the courtyard pool on striped deck chairs or shady nooks caressed by the warm sea breeze watching dolphins jump by. There is also a spa for sports enthusiasts with two treatment rooms, a mini gym, a sauna and shower circuits. Eating of course, is part of the Mallorca Experience, and the Hotel can easily cope with that challenge with its culinary tastings plus being one of the best places to soak up a bit of Portixol history over a dry Martini to be followed by a Mediterranean brasserie-style menu. Try the Ceasar's Salad, the best on the island, topped with roasted parmesan cheese crackers! Dining options surrounded by lush greeneries are either in the elegant indoor restaurant, at the cocktail bar or on the various terraces under blooming pergolas with sunset and lighthouse views channelling the bohemian history of the lovely neighbourhood. Well... there's little reason to leave.

Wenn man das Anwesen betritt, fühlt es sich an, als würde man wieder hinaustreten - es geht nur um das Licht! „Dies ist unser Ocean Drive", sagt Mikael Landström, der schwedische Eigentümer des Portixol Hotel y Restaurante, der das Hotel zusammen mit seiner Partnerin Johanna Björkman-Landström vor Jahren als Ruine kaufte und es von Grund auf renovierte. Das Interieur verkörpert die energiegeladene und doch entspannte Ausstrahlung der Besitzer, hat eine starke Persönlichkeit und ist in blauen und grünen Farbkombinationen und kaleidoskopischen Paletten von Texturen und Mustern gehalten, die an heißen Sommertagen Frische versprechen. 25 Zimmer und Suiten mit mehr als 10 verschiedenen Kategorien, zahlreichen Annehmlichkeiten und Meerblick laden zum Landen und Verweilen ein. Ob im kultigen Atico mit Blick auf den Leuchtturm, in der Mediterranean View Suite mit großer Terrasse, in der Port House Suite oder in einem Port View Zimmer, Gäste sind umgeben von Hafenatmosphäre mit nautischen Flaggen, kreischenden Möwen, dümpelnden Holzbooten oder Segelbooten, die sich im Wind wiegen. Sonnenhungrige können sich von warmer Meeresbrise umschmeichelt am Pool auf gestreiften Liegestühlen oder in schattigen Ecken entspannen, während sie Delfine vorbeispringen sehen. Für Sportbegeisterte gibt es ein Spa mit zwei Behandlungsräumen, einem Mini-Fitnessstudio, eine Sauna und einen Duschkreislauf. Zum Mallorca-Erlebnis gehört auch das Essen, und das Haus wird dieser Herausforderung mit seinen kulinarischen Degustationen problemlos gerecht. Hier kann man bei trockenem Martini und einem mediterranen Brasserie-Menü Portixols Geschichte aufsaugen. Der Ceasar's Salad ist der beste der Insel und wird mit gerösteten Parmesankäsecrackern serviert. Man kann im eleganten Innenrestaurant, an der Cocktailbar oder auf den verschiedenen Terrassen mit Blick in den Sonnenuntergang speisen, allesamt spiegeln sie die unkonventionelle Geschichte des hübschen Viertels wider. Nun... es gibt kaum einen Grund zu gehen.

Entrer dans la propriété spacieuse donne l'impression de sortir au grand air - tout est question de lumière ! « C'est notre Ocean Drive », déclare Mikael Landström, le propriétaire suédois du Portixol Hotel y Restaurante, qui, avec sa partenaire Johanna Björkman-Landström, a acheté l'hôtel il y a des années alors qu'il était presque en ruine et l'a rénové de fond en comble. Les intérieurs, au style impeccable, incarnent l'ambiance énergique mais décontractée de ses propriétaires, sont dotés d'une forte personnalité et sont décorés dans des combinaisons de couleurs bleues et vertes et des palettes kaléidoscopiques de textures et de motifs qui promettent de la fraîcheur lors des chaudes journées d'été. 25 chambres et suites avec plus de 10 catégories différentes, de nombreux équipements et des vues sur la mer vous invitent à atterrir et à vous attarder. Qu'il s'agisse de l'emblématique Atico avec vue sur le phare, de la suite avec vue sur la Méditerranée avec une vaste terrasse, de la suite Port House ou d'une chambre confortable avec vue sur le port, les clients sont entourés d'ambiances portuaires avec des drapeaux nautiques, des mouettes qui crient, des canots qui claquent du clapotis vagues, bateaux en bois dansant ou voiliers sonnant dans le vent. Les amateurs de soleil peuvent se détendre dans la piscine de la cour sur des transats rayés ou dans des recoins ombragés caressés par la brise marine chaude en regardant sauter les dauphins. Il y a aussi un spa pour les sportifs avec deux salles de soins, une mini salle de sport, un sauna et des circuits de douches. Manger bien sûr fait partie de l'expérience de Majorque, et l'hôtel peut facilement relever ce défi avec ses dégustations culinaires et être l'un des meilleurs endroits pour s'imprégner d'un peu d'histoire de Portixol autour d'un Martini sec suivi d'une brasserie méditerranéenne. -menu de style. Essayez la salade César, la meilleure de l'île, garnie de craquelins au parmesan rôti ! Les options de restauration entourées de verdure luxuriante se trouvent soit dans l'élégant restaurant intérieur, soit au bar à cocktails, soit sur les différentes terrasses sous des pergolas fleuries avec vue sur le coucher du soleil et le phare, retraçant l'histoire bohème du charmant quartier. Eh bien... il y a peu de raisons de partir.

Entrar en esta espaciosa propiedad es como salir al aire libre: ¡todo es luz! «Este es nuestro Ocean Drive», dice Mikael Landström, el propietario sueco del Portixol Hotel y Restaurante, quien, junto con su pareja Johanna Björkman-Landström, compró el hotel hace años, cuando era casi una ruina, y lo renovó de arriba abajo. Los interiores, de estilo impecable, encarnan las vibraciones enérgicas pero relajadas de sus propietarios, tienen una fuerte personalidad y están decorados con combinaciones de colores azules y verdes y paletas caleidoscópicas de texturas y estampados que prometen frescura en los calurosos días de verano. 25 habitaciones y suites de más de 10 categorías diferentes, abundantes comodidades y vistas al mar invitan a aterrizar y quedarse. Ya sea en el emblemático Atico con vistas al faro, en la suite Mediterranean View con una amplia terraza, en la suite Port House o en una acogedora habitación Port View, los huéspedes se verán rodeados de las vibraciones del puerto, con banderas náuticas, graznidos de gaviotas, el batir de las olas, el balanceo de las barcas de madera o el repicar de los veleros al viento. Los amantes del sol pueden relajarse en la piscina del patio, en tumbonas a rayas o en rincones a la sombra acariciados por la cálida brisa marina, viendo saltar a los delfines. También hay un spa para los entusiastas del deporte, con dos salas de tratamiento, un mini gimnasio, una sauna y circuitos de duchas. Comer, por supuesto, forma parte de la Experiencia Mallorca, y el Hotel puede afrontar fácilmente ese reto con sus degustaciones culinarias, además de ser uno de los mejores lugares para empaparse un poco de la historia del Portixol mientras se toma un Martini seco al que seguirá un menú estilo brasserie mediterránea. Pruebe la ensalada Ceasar's, la mejor de la isla, con galletas de queso parmesano asado. Las opciones para cenar rodeados de exuberante vegetación se encuentran en el elegante restaurante interior, en el bar de cócteles o en las diversas terrazas bajo pérgolas florecientes con vistas a la puesta de sol y al faro que canalizan la historia bohemia del encantador barrio. Hay pocas razones para marcharse.

Quinta da Comporta
Crashing Waves and Eco Spirits
Portugal

Neither the Hamptons, Ibiza, nor the legendary Saint Tropez of the wild 60´s can keep up. Comporta, just an hour south of Lisbon on one of the last wild stretches of coastline in Europe, has magic and flair that no one can resist and, in recent years, has rapidly developed into a chic eco-hotspot coupled with a bohemian atmosphere. Only a few visionaries have taken the plunge and invested in the Troia peninsula in the middle of nowhere. With success. Nestled in the middle of endless rice fields and Comporta's idyllic natural reserve with direct access to the beach, surrounded by carpets of wildflowers, Quinta da Comporta, envisioned and designed by renowned Portuguese architect Miguel Câncio Martins, is a magnificent boutique eco-resort and sustainable signature project on shifting sand dunes combining luxury with the pillars of sustainability and a prime example for responsible tourism.

Weder die Hamptons noch Ibiza noch das legendäre Saint Tropez der wilden 60er können mithalten. Comporta, eine Stunde südlich von Lissabon an einem der letzten wilden Küstenabschnitte Europas gelegen, hat einen Zauber und ein Flair, dem niemand widerstehen kann, und hat sich in den letzten Jahren rasant zu einem schicken Öko-Hotspot mit Bohème-Atmosphäre entwickelt. Nur einige Visionäre haben den Sprung gewagt und in die Halbinsel Troia mitten im Nirgendwo investiert. Mit Erfolg. Eingebettet in endlose Reisfelder und Comportas idyllisches Naturschutzgebiet mit direktem Zugang zum Strand, umgeben von Wildblumenteppichen, ist Quinta da Comporta, geplant und entworfen vom renommierten portugiesischen Architekten Miguel Câncio Martins, ein beeindruckendes Boutique-Öko-Resort und nachhaltiges Vorzeigeprojekt auf Wanderdünen, das Luxus mit Nachhaltigkeit verbindet und ein Musterbeispiel für verantwortungsvollen Tourismus ist.

Ni les Hamptons, ni Ibiza, ni le légendaire Saint Tropez des folles années 60 ne peuvent suivre. Comporta, à seulement une heure au sud de Lisbonne sur l'une des dernières étendues de côte sauvage d'Europe, possède une magie et un flair auxquels personne ne peut résister et, ces dernières années, s'est rapidement développée en un éco-hotspot chic couplé à une atmosphère bohème. Seuls quelques visionnaires ont franchi le pas et investi dans la péninsule de Troia au milieu de nulle part. Avec succès. Niché au milieu de rizières sans fin et de la réserve naturelle idyllique de Comporta avec un accès direct à la plage, entouré de tapis de fleurs sauvages, Quinta da Comporta, imaginé et conçu par le célèbre architecte portugais Miguel Câncio Martins, est un magnifique éco-resort boutique et durable, projet phare sur des dunes de sable mouvantes alliant le luxe aux piliers de la durabilité et un excellent exemple de tourisme responsable.

Ni los Hamptons, ni Ibiza, ni el legendario Saint Tropez de los años 60 pueden competir. Comporta, a solo una hora al sur de Lisboa, en uno de los últimos tramos vírgenes de costa en Europa, tiene una magia y un encanto irresistibles, y en los últimos años se ha convertido rápidamente en un exclusivo punto eco con un ambiente bohemio. Solo unos pocos visionarios se han atrevido a invertir en la península de Troia en medio de la nada. Con éxito. Enclavada en medio de interminables campos de arroz y la idílica reserva natural de Comporta con acceso directo a la playa, rodeada de alfombras de flores silvestres, Quinta da Comporta, concebida y diseñada por el renombrado arquitecto portugués Miguel Câncio Martins, es un magnífico boutique eco-resort y un proyecto sostenible de primera categoría en dunas de arena en movimiento que combina el lujo con los pilares de la sostenibilidad, y un ejemplo destacado de turismo responsable.

Miguel's personal connection with his destination reinforces his commitment to perpetuating the authenticity of Comporta, from preserving the landscapes and ecosystems to respecting the integration of traditional architecture, local communities and history of the location. "I have spent my childhood here." Miguel recalls. "Breathing the salty air of the ocean, walking barefoot on the warm sand and running between the rice paddies belong to my sweetest memories." White-washed walls form the exteriors of low-key buildings at the end of the quiet village of Carvalhal bordering the glittering Portuguese coastline. The sandy path extends to the Atlantic, where guests can bike along with their surfboards within a few minutes. One enters through a tiny gatehouse and is surprisingly confronted with an immense property dotted with sunflowers and bleached wooden thatched cabanas on the powdery white dunes. 73 spacious rooms, suites, and pool villas filled with local treasures such as seagrass accessories, honey wood, wicker, and sisal rugs provide exclusivity and top-notch service creating a laid-back beach resort for a genuine journey inwards. All cottages blend naturally into their surroundings, highlighted by Europe's longest solar-heated infinity pool made of recycled glass. Both the restaurant Mar d'Arrozal with locally sourced farm-to-table cuisine in a botanical setting as well as the relaxing Oryza Spa with its reclaimed wood beams including Oryza Lab, an exclusive scientific skincare brand that uses rice as the core element of its expert formulas, are situated in the former traditional barns overlooking the rice paddies with the sound of the crashing ocean waves in the near distance. Around the hotel, sleepy villages are waiting to be kissed awake from their slumber. There are stork nests, horse paddocks and harbours surrounded by pine forests. And at sunset, when the sky turns to blood-red, then into cobalt blue, it becomes quiet again. Just as it has always been here.

Miguels persönliche Verbundenheit mit Comporta bestärkte ihn, die Authentizität des Ortes zu bewahren, von der Erhaltung der Landschaften und Ökosysteme bis hin zur Integration traditioneller Architektur, den lokalen Gemeinschaften und der Historie. „Ich habe hier meine Kindheit verbracht", erinnert sich Miguel. „Die salzige Meeresluft zu atmen, barfuß über den warmen Sand zu laufen und zwischen den Reisfeldern zu toben, gehören mit zu meinen schönsten Erinnerungen." Weißgetünchte Mauern prägen das Äußere des schlichten Gebäudes am Ende des Dorfes Carvalhal, das an die glitzernde portugiesische Küste grenzt. Der Sandweg führt bis zum Atlantikstrand, wohin Gäste in wenigen Minuten mit ihren Surfbrettern hinradeln können. Man betritt die Anlage durch eine Pforte und wird von einem atemberaubenden Anwesen überrascht, das von Sonnenblumen und typischen strohgedeckten Cabanas auf puderweißen Dünen gesäumt ist. 73 großzügige Zimmer, Suiten und Pool-Villen, mit lokalen Schätzen wie Seegras-Accessoires, Weidengeflecht und Sisalteppichen eingerichtet, bieten Exklusivität und erstklassigen Service und schaffen ein wahres Resort für die Reise nach innen. Die Bungalows fügen sich in nahtlos ihre Umgebung ein, was durch einen 40m langen solarbeheizten Infinity-Pool aus recyceltem Glas gekrönt wird. Sowohl das Restaurant Mar d'Arrozal inmitten idyllischer Pflanzenwelten mit regionaler -Küche als auch der entspannende Oryza Spa mit Oryza Lab, einer exklusiven wissenschaftlichen Hautpflegemarke, die Reis als Kernelement ihrer fachkundigen Rezepturen verwendet, befinden sich in ehemaligen Scheunen mit Blick auf Reisfelder, untermalt vom Rauschen der Wellen. Rund um das Hotel warten verschlafene Dörfer darauf, aus ihrem Dornröschenschlaf wachgeküsst zu werden. Es gibt Storchennester, Pferdekoppeln und Häfen, die von Pinienwäldern umgeben sind. Und bei Sonnenuntergang, wenn sich der Himmel erst blutrot, dann kobaltblau färbt, wird es wieder still. So wie es hier eigentlich schon immer war.

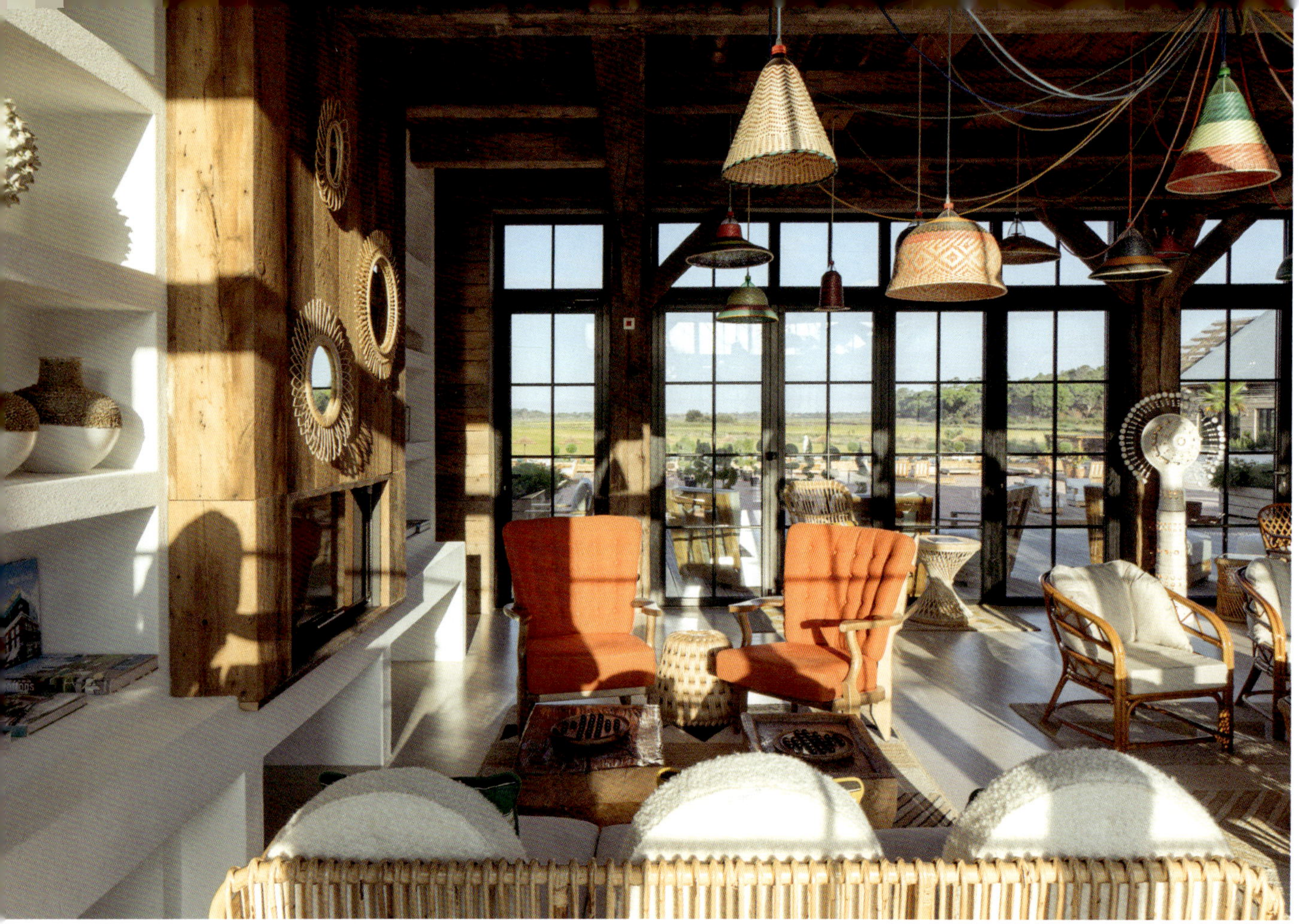

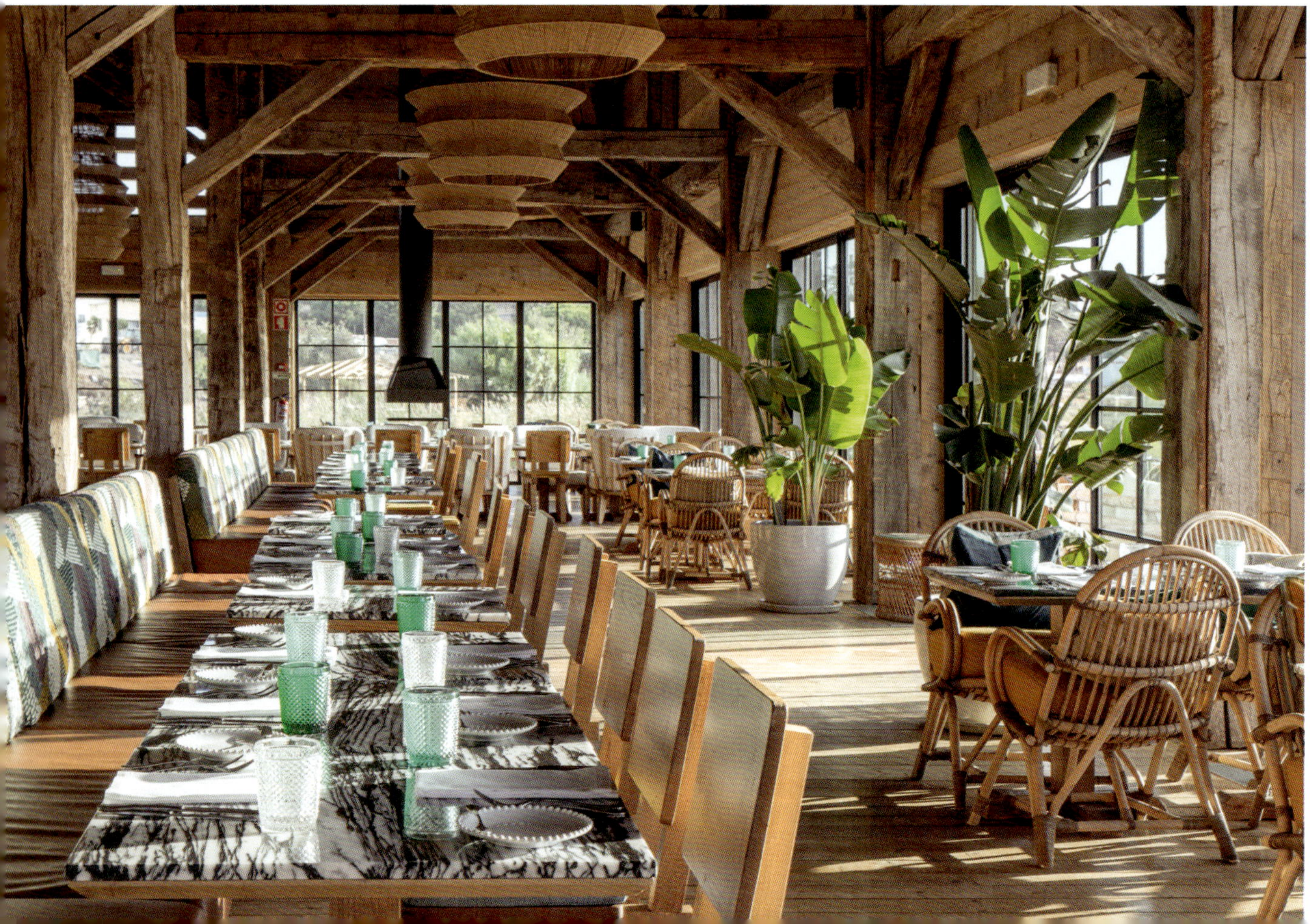

Le lien personnel de Miguel avec sa destination renforce son engagement à perpétuer l'authenticité de Comporta, de la préservation des paysages et des écosystèmes au respect de l'intégration de l'architecture traditionnelle, des communautés locales et de l'histoire du lieu. « J'ai passé mon enfance ici », se souvient Miguel. « Respirer l'air salin de l'océan, marcher pieds nus sur le sable chaud et courir entre les rizières font partie de mes plus beaux souvenirs ». Les murs blanchis à la chaux forment l'extérieur des bâtiments discrets à l'extrémité du paisible village de Carvalhal bordant la côte portugaise scintillante. Le chemin de sable s'étend jusqu'à l'Atlantique, où les clients peuvent faire du vélo avec leurs planches de surf en quelques minutes. On entre par une petite guérite et on est étonnamment confronté à une immense propriété parsemée de tournesols et de cabanes au toit de chaume en bois blanchi sur les dunes d'un blanc poudreux. 73 chambres, suites et villas spacieuses avec piscine, remplies de trésors locaux tels que des accessoires en jonc de mer, du bois de miel, de l'osier et des tapis en sisal, offrent une exclusivité et un service de premier ordre, créant une station balnéaire décontractée pour un véritable voyage vers l'intérieur. Tous les cottages se fondent naturellement dans leur environnement, mis en valeur par la plus longue piscine à débordement chauffée à l'énergie solaire d'Europe en verre recyclé. Le restaurant Mar d'Arrozal avec une cuisine locale de la ferme à la table dans un cadre botanique ainsi que le relaxant Oryza Spa avec ses poutres en bois récupérées, y compris Oryza Lab, une marque scientifique exclusive de soins de la peau qui utilise le riz comme élément central de ses formules expertes, sont situés dans les anciennes granges traditionnelles surplombant les rizières avec le bruit des vagues de l'océan qui s'écrasent à proximité. Autour de l'hôtel, des villages endormis attendent d'être réveillés de leur sommeil. Il y a des nids de cigognes, des enclos à chevaux et des ports entourés de forêts de pins. Et au coucher du soleil, quand le ciel vire au rouge sang, puis au bleu cobalt, il redevient calme. Tout comme il l'a toujours été ici.

La conexión personal de Miguel con su destino refuerza su compromiso de perpetuar la autenticidad de Comporta, desde la preservación de los paisajes y ecosistemas hasta el respeto por la integración de la arquitectura tradicional, las comunidades locales y la historia del lugar. «He pasado mi infancia aquí», recuerda Miguel. «Respirar el aire salado del océano, caminar descalzo sobre la cálida arena y correr entre los arrozales forman parte de mis recuerdos más dulces». Las paredes encaladas forman los exteriores de los discretos edificios al final del tranquilo pueblo de Carvalhal, bordeando la brillante costa portuguesa. El sendero arenoso se extiende hacia el Atlántico, donde los huéspedes pueden ir en bicicleta con sus tablas de surf en pocos minutos. Se entra a través de una pequeña caseta de entrada y sorprendentemente te encuentras con una inmensa propiedad salpicada de girasoles y cabañas de paja de madera decolorada en las blancas dunas polvorientas. 73 espaciosas habitaciones, suites y villas con piscina llenas de tesoros locales como accesorios de fibra de mar, madera de miel, mimbre y alfombras de sisal, proporcionan exclusividad y servicio de primera categoría creando un relajado resort de playa para una auténtica experiencia introspectiva. Todas las cabañas se integran naturalmente en su entorno, resaltadas por la piscina infinita climatizada con energía solar más larga de Europa, hecha de vidrio reciclado. El restaurante Mar d'Arrozal, con cocina de granja a mesa con ingredientes locales en un entorno botánico, así como el relajante Oryza Spa con sus vigas de madera recuperada, incluida Oryza Lab, una exclusiva marca de productos de cuidado de la piel científica que utiliza el arroz como elemento central de sus fórmulas expertas, se encuentran en las antiguas granjas tradicionales con vistas a los arrozales y con el sonido de las olas del océano en la cercanía. Alrededor del hotel, los tranquilos pueblos esperan ser despertados de su letargo. Hay nidos de cigüeñas, corrales de caballos y puertos rodeados de bosques de pinos. Y al atardecer, cuando el cielo se tiñe de rojo sangre y luego de azul cobalto, vuelve a reinar la tranquilidad. Tal como siempre ha sido aquí.

BALTIC OPULENCE

SEETELHOTEL STRANDHOTEL Atlantic & VILLA MEERESSTRAND

Welcome to Usedom, a captivating vacation island in northern Germany known for its untouched beaches and rich spa history. Embedded in this picturesque island scenery are the famous imperial bath "Kaiserbäder", whose magnificent architecture and historical charm inspire visitors from all over the world. The privilege was given to the award-winning architect and designer Yasmine Mahmoudieh to redesign two beach hotels for the renowned SEETELHOTELS group, which owns 17 hotels in Usedom and one in Mallorca. With a focus on sustainability and seamlessly blending the past with the present, the goal was to create a unique experience for the guests. The design concept is a tribute to Bansin and Usedom's literary heritage, pixelated wallpaper prints of the portraits of literary giants Maxim Gorki and Leo Tolstoi were integrated into the guest rooms. These captivating images were strategically placed behind the beds and on various walls, creating a visual homage to their significant contributions.

Willkommen auf Usedom, einer bezaubernden Urlaubsinsel im Norden Deutschlands, die für ihre unberührten Strände und ihre reiche Bädergeschichte bekannt ist. Eingebettet in diese malerische Insellandschaft liegen die berühmten Kaiserbäder, deren prachtvolle Architektur und historischer Charme Besucher aus aller Welt begeistern. Die preisgekrönte Architektin und Designerin Yasmine Mahmoudieh durfte für die renommierte SEETELHOTELS Gruppe, zu der 17 Hotels auf Usedom und eines auf Mallorca gehören, zwei Strandhotels neu gestalten. Mit dem Fokus auf Nachhaltigkeit und der nahtlosen Verschmelzung von Vergangenheit und Gegenwart war es das Ziel, ein einzigartiges Erlebnis für die Gäste zu schaffen. Das Designkonzept ist eine Hommage an das literarische Erbe von Bansin und Usedom. So wurden verpixelte Drucke auf Tapete von den Porträts der Literaturgrößen Maxim Gorki und Leo Tolstoi in die Gästezimmer integriert. Diese fesselnden Bilder wurden strategisch hinter den Betten und an verschiedenen Wänden platziert, um eine visuelle Hommage an ihre bedeutenden Beiträge zu schaffen.

Bienvenue à Usedom, une île de vacances captivante située dans le nord de l'Allemagne et connue pour ses plages intactes et sa riche histoire thermale. Les célèbres bains impériaux « Kaiserbäder », dont l'architecture magnifique et le charme historique inspirent les visiteurs du monde entier, font partie du paysage pittoresque de l'île. L'architecte et designer primée Yasmine Mahmoudieh a eu le privilège de redessiner deux hôtels de plage pour le célèbre groupe SEETELHOTELS, qui possède 17 hôtels à Usedom et un à Majorque. L'objectif était de créer une expérience unique pour les clients, en mettant l'accent sur la durabilité et en mariant harmonieusement le passé et le présent. Le concept de design est un hommage à Bansin et à l'héritage littéraire d'Usedom. Des impressions pixelisées de portraits des géants de la littérature Maxim Gorki et Leo Tolstoi ont été intégrées dans les chambres. Ces images captivantes ont été placées stratégiquement derrière les lits et sur différents murs, créant un hommage visuel à leurs contributions significatives.

Bienvenido a Usedom, una cautivadora isla vacacional del norte de Alemania conocida por sus playas vírgenes y su rica historia balnearia. Incrustados en este pintoresco paisaje isleño se encuentran los famosos baños imperiales «Kaiserbäder», cuya magnífica arquitectura y encanto histórico inspiran a visitantes de todo el mundo. La galardonada arquitecta y diseñadora Yasmine Mahmoudieh tuvo el privilegio de rediseñar dos hoteles de playa para el renombrado grupo SEETELHOTELS, propietario de 17 hoteles en Usedom y uno en Mallorca. El objetivo era crear una experiencia única para los huéspedes, centrándose en la sostenibilidad y en la perfecta combinación del pasado y el presente. El concepto de diseño es un homenaje a la herencia literaria de Bansin y Usedom. En las habitaciones se integraron impresiones pixeladas en papel pintado de los retratos de los gigantes de la literatura Maxim Gorki y Leo Tolstoi. Estas cautivadoras imágenes se colocaron estratégicamente detrás de las camas y en varias paredes, creando un homenaje visual a sus importantes contribuciones.

Sustainability took centre stage in the redesign, utilizing eco-friendly materials throughout the hotels. Natural wood and ceramic tiles brought the island's natural beauty indoors, creating a warm and tranquil ambience. The design also incorporated elements inspired by the surroundings, blurring the boundaries between the interior and exterior spaces.

The guest rooms at Strandhotel Atlantic and Villa Meeresstrand exude charm and character. In each room, pixelated prints of the portraits of Gorki and Tolstoi adorned the wallpapers, creating a captivating blend of past and present. Encouraging quotes from the authors hung above the beds, inspiring guests upon waking up or falling asleep. These thoughtful details added a personal touch to each room, fostering a positive and enriching experience.

Both hotels offered a peaceful spa area, providing a sanctuary for relaxation and rejuvenation. The swimming pools were inspired by the island's history, showcasing pixelated images from the past, depicting scenes of women swimming in bathing suits on the beach for the first time. The wellness facilities, including saunas and relaxation rooms, ensured the well-being and comfort of the guests. The hotel's design extended beyond the guest rooms and wellness areas. Lighting fixtures above the bar were installed, inspired by the graceful movements of seagulls, mimicking their flight and creating a captivating atmosphere. Additionally, a striking fireplace was built, elegantly winding through the reception area and extending into the lounge. The redesign of Strandhotel Atlantic and Villa Meeresstrand celebrates Bansin and Usedom's captivating literary heritage while emphasizing sustainability and unique design elements.

Yasmine Mahmoudieh, the visionary behind these hotels, always combines a strong sense of belonging to the location where a hotel is situated with new creative ideas that propel it into the future while respecting its rich past. With her expertise and innovative approach, Mahmoudieh has successfully created a harmonious fusion of tradition and modernity, offering guests a truly captivating and unforgettable experience.

Bei der Neugestaltung stand die Nachhaltigkeit im Mittelpunkt, und es wurden überall in den Hotels umweltfreundliche Materialien verwendet. Natürliches Holz und Keramikfliesen brachten die natürliche Schönheit der Insel ins Innere und schufen ein warmes und ruhiges Ambiente. In das Design flossen auch Elemente ein, die von der Umgebung inspiriert sind, so dass die Grenzen zwischen Innen- und Außenbereich verschwimmen.

Die Gästezimmer im Strandhotel Atlantic und in der Villa Meeresstrand strahlen Charme und Charakter aus. In jedem Zimmer zieren verpixelte Drucke der Porträts von Gorki und Tolstoi die Tapeten und schaffen eine fesselnde Mischung aus Vergangenheit und Gegenwart. Über den Betten hingen aufmunternde Zitate der Autoren, die die Gäste beim Aufwachen oder Einschlafen inspirierten. Diese durchdachten Details verliehen jedem Zimmer eine persönliche Note und trugen zu einer positiven und bereichernden Erfahrung bei.

Das Hotel verfügt über einen ruhigen Spa-Bereich, der einen Zufluchtsort für Entspannung und Verjüngung darstellte. Der Swimmingpool ist von der Geschichte der Insel inspiriert und zeigt gepixelte Bilder aus der Vergangenheit, die Szenen von Frauen darstellen, die zum ersten Mal in Badeanzügen am Strand schwimmen. Die Wellness-Einrichtungen, darunter Saunen und Ruheräume, sorgen für das Wohlbefinden und den Komfort der Gäste. Das Design des Hotels ging über die Gästezimmer und Wellnessbereiche hinaus. Über der Bar wurden Beleuchtungskörper installiert, die von den anmutigen Bewegungen der Möwen inspiriert sind, ihren Flug nachahmen und eine fesselnde Atmosphäre schaffen. Außerdem wurde ein markanter Kamin gebaut, der sich elegant durch den Empfangsbereich schlängelt und bis in die Lounge reicht. Die Neugestaltung des Strandhotels Atlantic und der Villa Meeresstrand zelebriert das fesselnde literarische Erbe von Bansin und Usedom und setzt gleichzeitig auf Nachhaltigkeit und einzigartige Designelemente.

Yasmine Mahmoudieh, die Visionärin hinter diesen Hotels, verbindet stets ein starkes Gefühl der Zugehörigkeit zu dem Ort, an dem sich ein Hotel befindet, mit neuen kreativen Ideen, die das Hotel in die Zukunft führen und gleichzeitig seine reiche Vergangenheit respektieren. Mit ihrem Fachwissen und ihrer innovativen Herangehensweise ist es Mahmoudieh gelungen, eine harmonische Verbindung von Tradition und Moderne zu schaffen, die den Gästen ein wirklich fesselndes und unvergessliches Erlebnis bietet.

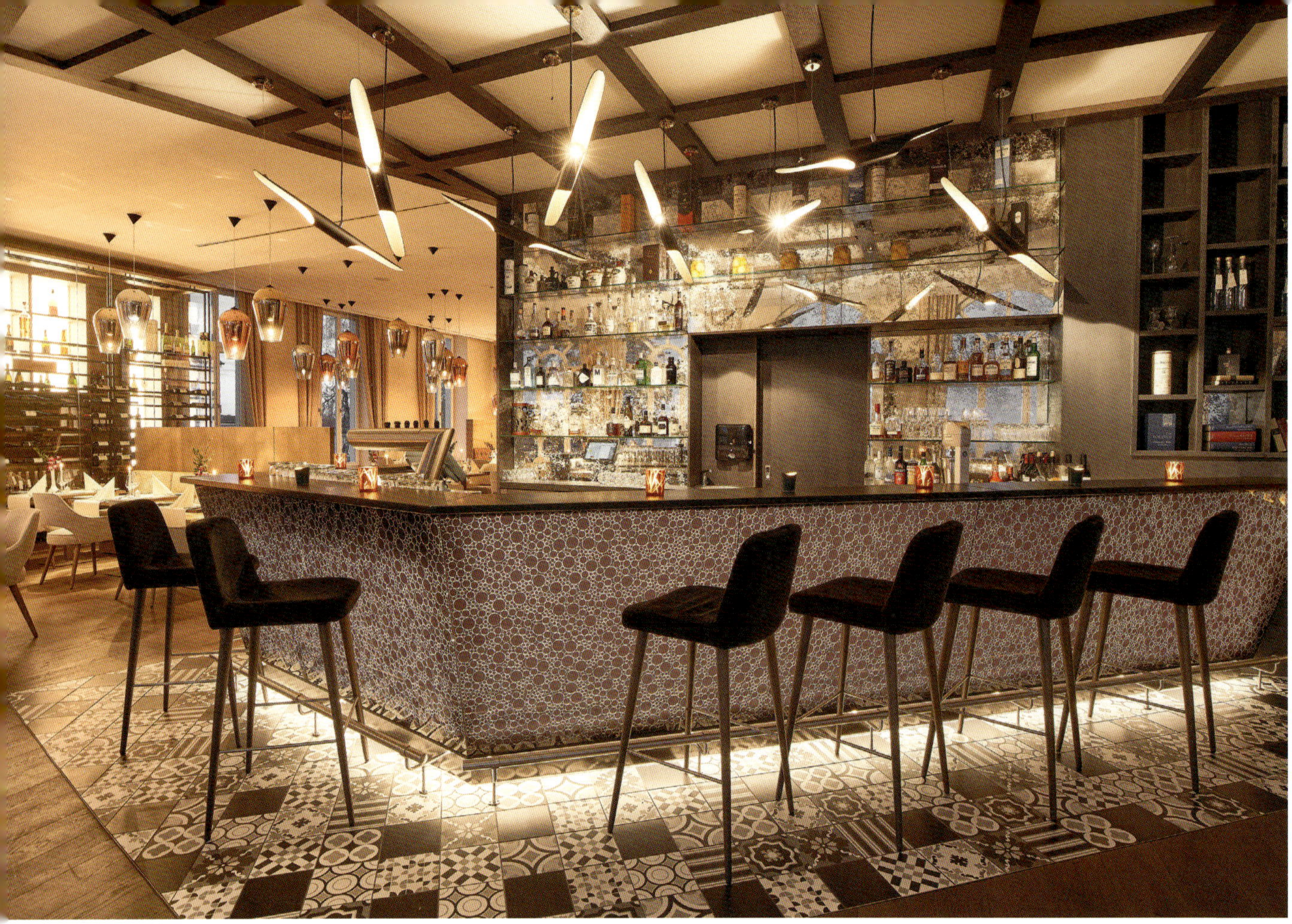

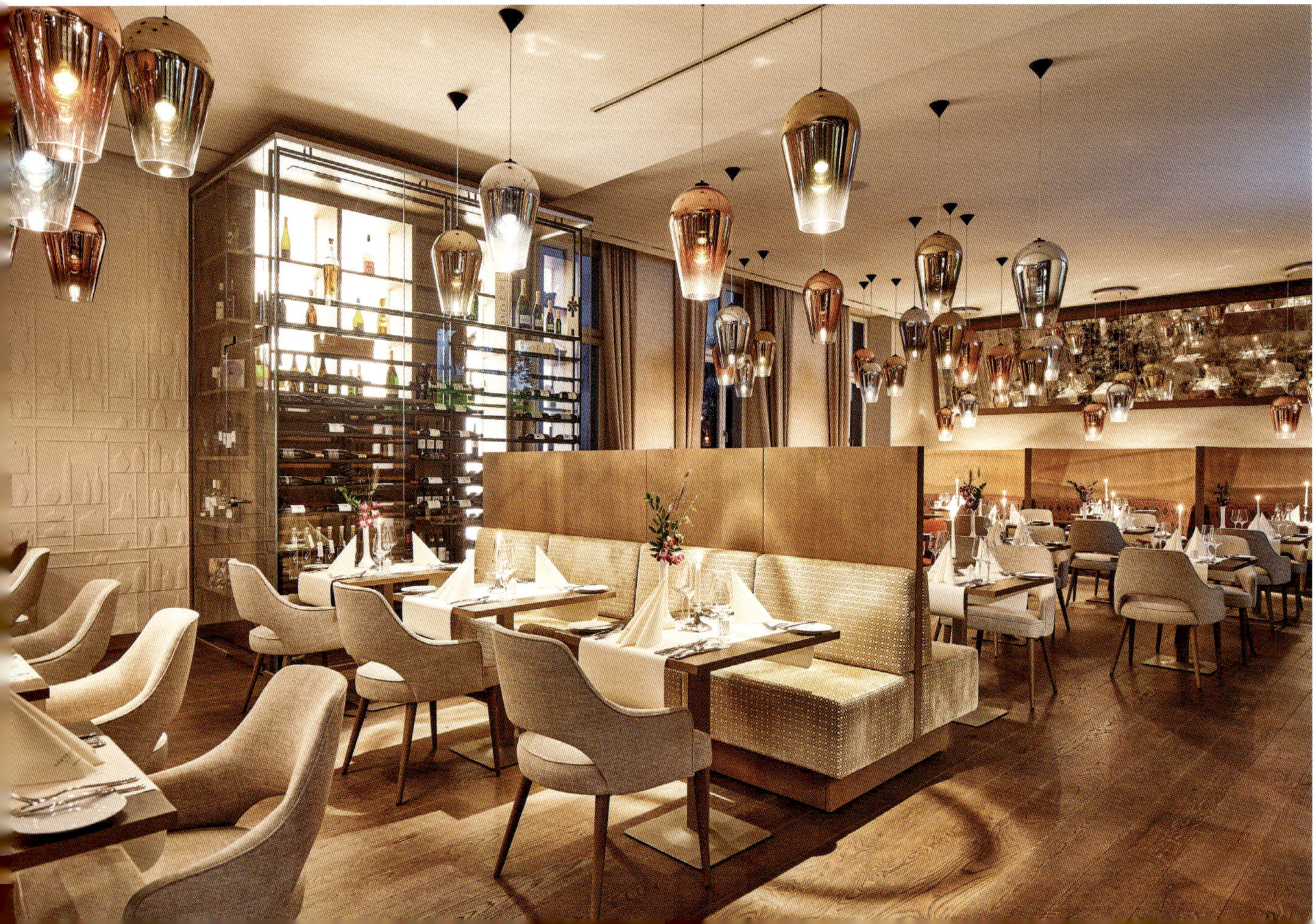

La durabilité a été au cœur du réaménagement et des matériaux respectueux de l'environnement ont été utilisés partout dans les hôtels. Le bois naturel et les carreaux de céramique ont apporté la beauté naturelle de l'île à l'intérieur, créant une ambiance chaleureuse et sereine. Des éléments inspirés de l'environnement ont également été intégrés dans le design, de sorte que les frontières entre l'intérieur et l'extérieur s'estompent.

Les chambres d'hôtes du Strandhotel Atlantic et de la Villa Meeresstrand dégagent charme et caractère. Dans chaque chambre, des impressions pixelisées des portraits de Gorki et de Tolstoï ornent les papiers peints, créant un mélange captivant de passé et de présent. Au-dessus des lits, des citations encourageantes des auteurs ont été accrochées pour inspirer les hôtes au réveil ou au coucher. Ces détails bien pensés ont apporté une touche personnelle à chaque chambre et ont contribué à une expérience positive et enrichissante.

L'hôtel dispose d'un espace spa paisible qui a été un refuge pour la détente et le rajeunissement. La piscine s'inspire de l'histoire de l'île et présente des images pixellisées du passé, représentant des scènes de femmes se baignant pour la première fois en maillot de bain sur la plage. Les installations de bien-être, dont des saunas et des salles de repos, assurent le bien-être et le confort des clients. Le design de l'hôtel est allé au-delà des chambres d'hôtes et des espaces de bien-être. Des luminaires inspirés par les mouvements gracieux des mouettes ont été installés au-dessus du bar, imitant leur vol et créant une atmosphère captivante. Une cheminée remarquable a également été construite, qui serpente élégamment à travers la zone de réception et s'étend jusqu'au salon. Le réaménagement du Strandhotel Atlantic et de la Villa Meeresstrand célèbre l'héritage littéraire captivant de Bansin et d'Usedom tout en misant sur la durabilité et des éléments de design uniques.

Yasmine Mahmoudieh, la visionnaire derrière ces hôtels, associe toujours un fort sentiment d'appartenance à l'endroit où se trouve un hôtel à de nouvelles idées créatives qui propulsent l'hôtel vers l'avenir tout en respectant son riche passé. Grâce à son expertise et à son approche innovante, Mahmoudieh a réussi à créer un mariage harmonieux entre tradition et modernité, offrant aux clients une expérience vraiment captivante et inoubliable.

La sostenibilidad fue fundamental en el rediseño, por lo que se utilizaron materiales ecológicos en todos los hoteles. La madera natural y las baldosas de cerámica trasladaron la belleza natural de la isla al interior, creando un ambiente cálido y tranquilo. El diseño también incorporó elementos inspirados en el entorno, difuminando las líneas entre espacios interiores y exteriores.

Las habitaciones del Strandhotel Atlantic y la Villa Meeresstrand desprenden encanto y carácter. Las impresiones pixeladas de retratos de Gorki y Tolstoi adornan el papel pintado de cada habitación, creando una cautivadora mezcla de pasado y presente. Encima de las camas colgaban citas de los autores que inspiraban a los huéspedes al despertarse o dormirse. Estos detalles añaden un toque personal a cada habitación y contribuyen a una experiencia positiva y enriquecedora.

El hotel cuenta con una tranquila zona de spa que proporciona un santuario para la relajación y el rejuvenecimiento. La piscina está inspirada en la historia de la isla y presenta imágenes pixeladas del pasado que representan escenas de mujeres nadando en bañador en la playa por primera vez. Las instalaciones de bienestar, que incluyen saunas y salas de relajación, garantizan el bienestar y la comodidad de los huéspedes. El diseño del hotel fue más allá de las habitaciones y las zonas de bienestar. Sobre el bar se instalaron luminarias inspiradas en los gráciles movimientos de las gaviotas, que imitan su vuelo y crean una atmósfera cautivadora. También se construyó una llamativa chimenea, que serpentea elegantemente por la zona de recepción y se extiende hasta el salón. El rediseño del Strandhotel Atlantic y la Villa Meeresstrand celebra el cautivador patrimonio literario de Bansin y Usedom, al tiempo que se centra en la sostenibilidad y en elementos de diseño únicos.

Yasmine Mahmoudieh, la visionaria detrás de estos hoteles, siempre combina un fuerte sentido de pertenencia al lugar donde se ubica un hotel con nuevas ideas creativas que llevan al hotel hacia el futuro respetando su rico pasado. Con su experiencia y su enfoque innovador, Mahmoudieh ha logrado crear una armoniosa mezcla de tradición y modernidad que ofrece a los huéspedes una experiencia verdaderamente cautivadora y memorable.

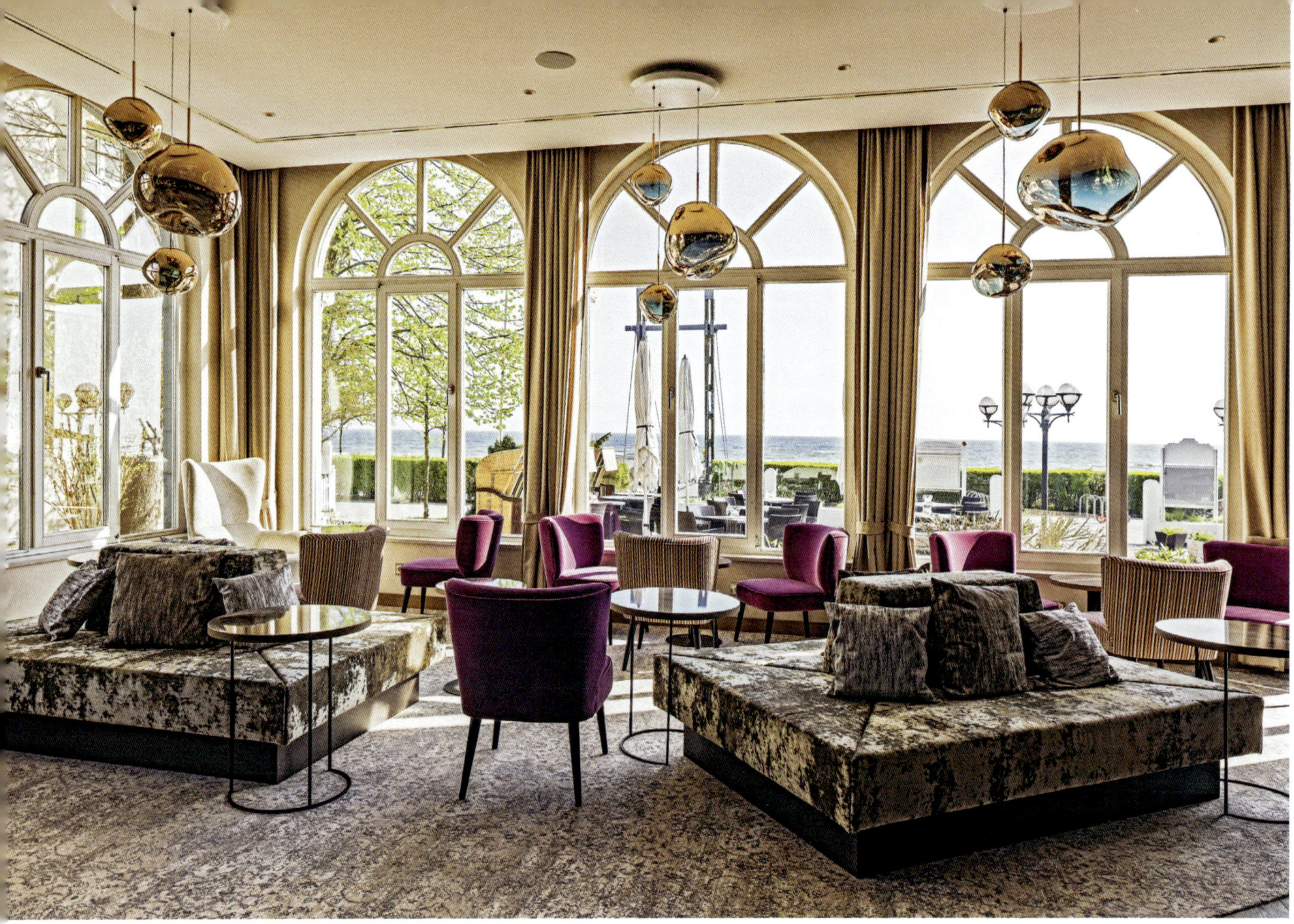

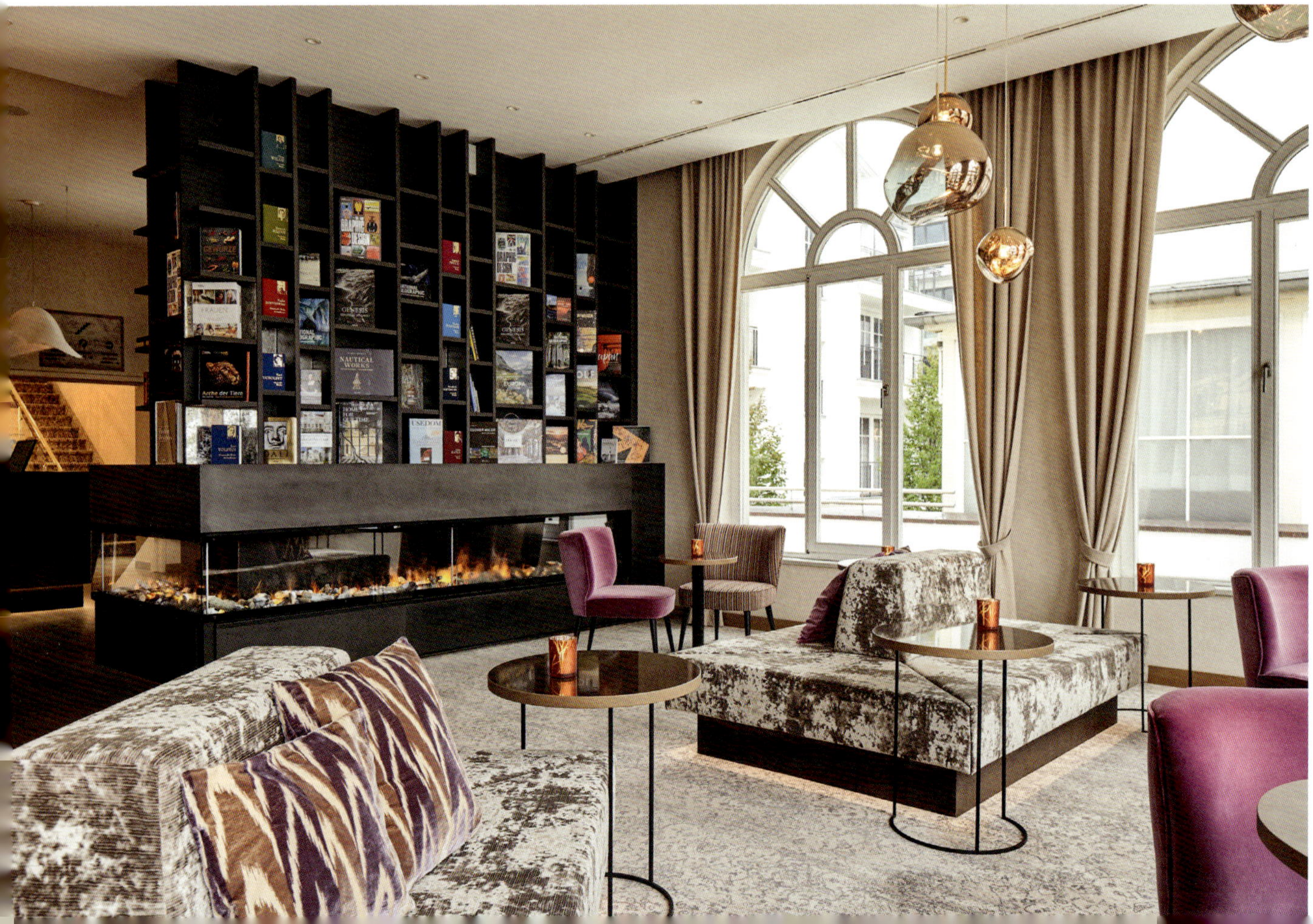

201

Nestled in the southwestern corner of the Netherlands, Zeeland beckons travelers with its coastal beauty, historic charm, and a unique blend of modernity and tradition. Known for its stunning landscapes, its beaches, and a rich maritime heritage, Zeeland has earned its reputation as a hidden gem in Europe. One of the defining features is its extensive coastline that stretches along the North Sea and the Eastern Scheldt estuary. With an intricate network of dikes and dams, Zeeland has managed to keep its feet dry, reclaiming vast areas of land from the sea. This marriage of human ingenuity and natural wonder has resulted in a landscape of polders, tidal flats, and powdery dunes, perfect for nature enthusiasts and world travelers alike. For those seeking relaxation, the pristine beaches of Zeeland along with the invigorating see breeze provide an idyllic setting for the rejuvenating gem Strandhotel Cadzand-Bad.

In der südwestlichen Ecke der Niederlande gelegen, lockt Zeeland Reisende mit seiner Küstenschönheit, seinem historischen Charme und einer einzigartigen Mischung aus Moderne und Tradition. Bekannt für seine schönen Landschaften, Strände und sein reiches maritimes Erbe, hat sich Zeeland seinen Ruf als verstecktes Kleinod in Europa verdient. Eines der prägenden Merkmale ist die weitläufige Küstenlinie, die sich entlang der Nordsee und der Oosterschelde erstreckt. Dank eines komplexen Netzes von Deichen und Dämmen ist es Zeeland gelungen, auf dem Trockenen zu bleiben und dem Meer weite Landstriche abzugewinnen. Diese Kombination aus menschlichem Erfindungsreichtum und Naturwunder hat eine Landschaft aus Poldern, Wattenmeer und Dünen entstehen lassen, die für Naturliebhaber und Weltenbummler gleichermaßen ideal ist. Für Erholungssuchende bieten die unberührten Strände Zeelands zusammen mit der belebenden Meeresbrise einen idyllischen Rahmen für das erholsame Kleinod Strandhotel Cadzand-Bad.

Nichée dans le sud-ouest des Pays-Bas, la Zélande attire les voyageurs par sa beauté côtière, son charme historique et un mélange unique de modernité et de tradition. Connue pour ses paysages époustouflants, ses plages et son riche patrimoine maritime, la Zélande a gagné sa réputation de joyau caché de l'Europe. L'une de ses principales caractéristiques est son vaste littoral qui s'étend le long de la mer du Nord et de l'estuaire de l'Escaut oriental. Grâce à un réseau complexe de digues et de barrages, la Zélande a réussi à garder les pieds au sec en récupérant de vastes étendues de terre sur la mer. Ce mariage de l'ingéniosité humaine et des merveilles de la nature a donné naissance à un paysage de polders, d'estrans et de dunes poudreuses, idéal pour les passionnés de nature et les voyageurs du monde entier. Pour ceux qui recherchent la détente, les plages immaculées de Zeeland et la brise marine revigorante constituent un cadre idyllique pour le Strandhotel Cadzand-Bad, un bijou de rajeunissement.

Enclavada en el extremo suroccidental de los Países Bajos, Zeeland atrae a los viajeros con su belleza costera, su encanto histórico y una mezcla única de modernidad y tradición. Conocida por sus impresionantes paisajes, sus playas y su rico patrimonio marítimo, Zeeland se ha ganado la reputación de joya escondida en Europa. Uno de sus rasgos definitorios es su extenso litoral, que se extiende a lo largo del Mar del Norte y el estuario oriental del Escalda. Con una intrincada red de diques y presas, Zeeland ha conseguido mantener los pies secos, recuperando del mar vastas extensiones de tierra. Esta combinación de ingenio humano y maravilla natural ha dado lugar a un paisaje de pólderes, marismas y dunas polvorientas, perfecto tanto para los amantes de la naturaleza como para los viajeros de todo el mundo. Para los que buscan relajarse, las playas vírgenes de Zelanda y la vigorizante brisa marina ofrecen un entorno idílico para la joya rejuvenecedora Strandhotel Cadzand-Bad.

Tranquil and laidback, Strandhotel Cadzand-Bad, situated in the seaside village of Cadzand is a beach hideaway in its own rights and invites visitors to experience the true essence of costal living. The legendary family-run hotel designed by Studio Piet Boon and Linteloo in collaboration with owners Anne and Bart Gorthmanns offers time for travelers seeking relaxation, natural beauty, and world-class hospitality. Upon arrival in the lobby filled with lush greeneries and adorned with coastal-inspired elements this sanctuary promises peaceful nights with gentle wave sounds and energizing coastal mornings with a refreshing sea bath. Each of the bright rooms and suites is designed to provide the utmost comfort offering spectacular views of the sea or village life. With the region being famous for its rich culinary heritage the house offers a gastronomic journey for foodies. From succulent mussels to fresh North Sea fish, the hotel's cuisine experience is a testament to its close relationship with the water. All restaurants showcase a menu crafted with locally sourced ingredients, ensuring a delectable dining experience. From tasty snacks and drinks at the bar, fresh seafood in a floating glass pavilion to innovative dishes at the hotel's fine dining restaurant meals are a celebration of culinary artistry. The breakfast buffet, renowned to be one of the best in Europe, takes guests to a worldwide culinary adventure with an overwhelming variety of savories crossing all continents. For leisure moments nature enthusiasts can wander through Zwin Nature Park, home to an abundance of migratory birds and diverse flora, bike, stroll or simply bask in the sun. The soul rejuvenating Strandhotel Cadzand-Bad weaves together the beauty of the North Sea coast, and the comfort of a luxurious stay to create an unforgettable retreat. Here, guests can indulge their senses and experience the simple pleasures of life in a coastal paradise that will linger in their hearts long after their departure.

Strandhotel Cadzand-Bad im gleichnamigen Küstenort gelegen ist ein zauberhaftes Refugium ohnegleichen wo Gäste, die wahre Essenz des lässigen Küstenlebens entdecken. Das legendäre familiengeführte Hotel wurde vom Studio Piet Boon und Linteloo in Zusammenarbeit mit den Eigentümern Anne und Bart Gorthmanns entworfen und bietet Reisenden Entspannung, Natur und Gastfreundschaft auf Weltklasseniveau. Schon bei Ankunft in der Lobby, die mit unzähligen Pflanzen und von der Küste inspirierten Motiven versehen ist, verspricht das Haus geruhsame Nächte bei sanftem Wellenrauschen und belebende Morgenstunden mit einem erfrischenden Bad im Meer. Jedes der hellen Zimmer und Suiten bietet Höchstmaße an Komfort, spektakulärer Blick auf das Wasser oder das stille Dorfleben inklusive. Da die Region für ihr reiches kulinarisches Erbe bekannt ist, bietet das Haus eine gastronomische Reise für Feinschmecker. Von saftigen Muscheln bis hin zu frischem Nordseefisch - die Küche des Hotels zeugt von einer engen Verbundenheit zum Meer. Alle Restaurants bieten eine Karte mit Zutaten aus der Region, die für ein köstliches Esserlebnis sorgen. Von Snacks und Getränken in der Hotelbar über frische Meeresfrüchte in einem schwebenden Glaspavillon bis hin zu innovativen Gerichten im Gourmetrestaurant des Hotels sind die Speisen ein Fest der kulinarischen Künste. Das Frühstücksbuffet gilt als eines der besten in Europa und entführt die Gäste mit einer unfassbaren Vielfalt an Köstlichkeiten aus allen Kontinenten in ein kulinarisches Abenteuer. In der Freizeit können Naturfans durch den Naturschutzpark Zwin wandern, seine vielfältige Flora und Fauna beobachten, Rad fahren, spazieren gehen oder einfach nur die Sonne genießen. Strandhotel Cadzand-Bad kombiniert die Schönheit der Nordseeküste mit dem Komfort eines luxuriösen Aufenthalts. Hier können Gäste ihre Sinne verwöhnen und einfache Freuden des Lebens in einem Küstenparadies erleben, das noch lange nach Abreise in ihren Herzen nachklingen wird.

Tranquille et décontracté, le Strandhotel Cadzand-Bad, situé dans le village balnéaire de Cadzand, est un refuge de plage à part entière et invite les visiteurs à découvrir la véritable essence de la vie côtière. Le légendaire hôtel familial, conçu par le Studio Piet Boon et Linteloo en collaboration avec les proprietaires Anne et Bart Gorthmanns, offre du temps aux voyageurs en quête de détente, de beauté naturelle et d'une hospitalité de classe mondiale. Dès l'arrivée dans le hall rempli de verdure luxuriante et orné d'éléments d'inspiration côtière, ce sanctuaire promet des nuits paisibles avec le doux bruit des vagues et des matins côtiers énergisants avec un bain de mer rafraîchissant. Chacune des chambres et des suites lumineuses est conçue pour offrir le plus grand confort et des vues spectaculaires sur la mer ou la vie du village. La région étant réputée pour son riche patrimoine culinaire, la maison propose un voyage gastronomique aux gourmands. Des moules succulentes aux poissons frais de la mer du Nord, la cuisine de l'hôtel témoigne de sa relation étroite avec l'eau. Tous les restaurants proposent un menu élaboré à partir d'ingrédients d'origine locale, garantissant une expérience gastronomique délectable. Des collations et boissons savoureuses au bar, des fruits de mer frais dans un pavillon de verre flottant aux plats innovants du restaurant gastronomique de l'hôtel, les repas sont une célébration de l'art culinaire. Le buffet du petit-déjeuner, réputé pour être l'un des meilleurs d'Europe, entraîne les clients dans une aventure culinaire mondiale avec une variété impressionnante de saveurs traversant tous les continents. Pour les moments de détente, les amoureux de la nature peuvent se promener dans le parc naturel du Zwin, qui abrite une abondance d'oiseaux migrateurs et une flore variée, faire du vélo, se promener ou tout simplement se prélasser au soleil. Le Strandhotel Cadzand-Bad, qui permet de se ressourcer, allie la beauté de la côte de la mer du Nord et le confort d'un séjour luxueux pour créer une retraite inoubliable. Ici, les hôtes peuvent laisser libre cours à leurs sens et goûter aux plaisirs simples de la vie dans un paradis côtier qui restera gravé dans leur cœur longtemps après leur départ.

Tranquilo y relajado, el Strandhotel Cadzand-Bad, situado en el pueblo costero de Cadzand, es un refugio de playa por derecho propio e invita a los visitantes a experimentar la verdadera esencia de la vida costera. El legendario hotel familiar, diseñado por Studio Piet Boon y Linteloo en colaboración con los propietarios Anne y Bart Gorthmanns, ofrece tiempo para los viajeros que buscan relajación, belleza natural y hospitalidad de primera clase. Al llegar al vestíbulo, repleto de exuberante vegetación y adornado con elementos de inspiración costera, este santuario promete noches tranquilas con el suave sonido de las olas y mañanas costeras llenas de energía con un refrescante baño de mar. Cada una de las luminosas habitaciones y suites está diseñada para proporcionar el máximo confort y ofrece espectaculares vistas al mar o a la vida del pueblo. Siendo la región famosa por su rico patrimonio culinario, la casa ofrece un viaje gastronómico para los amantes de la comida. Desde suculentos mejillones hasta pescado fresco del Mar del Norte, la experiencia culinaria del hotel es un testimonio de su estrecha relación con el agua. Todos los restaurantes ofrecen un menú elaborado con ingredientes de origen local, lo que garantiza una experiencia gastronómica deliciosa. Desde sabrosos aperitivos y bebidas en el bar, pasando por marisco fresco en un pabellón flotante de cristal, hasta innovadores platos en el restaurante de alta cocina del hotel, las comidas son una celebración del arte culinario. El desayuno bufé, reconocido como uno de los mejores de Europa, lleva a los huéspedes a una aventura culinaria por todo el mundo con una abrumadora variedad de sabores de todos los continentes. Para los momentos de ocio, los entusiastas de la naturaleza pueden pasear por el Parque Natural de Zwin, donde abundan las aves migratorias y la flora diversa, montar en bicicleta, pasear o simplemente tomar el sol. El rejuvenecedor Strandhotel Cadzand-Bad aúna la belleza de la costa del Mar del Norte y la comodidad de una estancia de lujo para crear un retiro inolvidable. Aquí, los huéspedes pueden dar rienda suelta a sus sentidos y experimentar los placeres sencillos de la vida en un paraíso costero que perdurará en sus corazones mucho después de su partida.

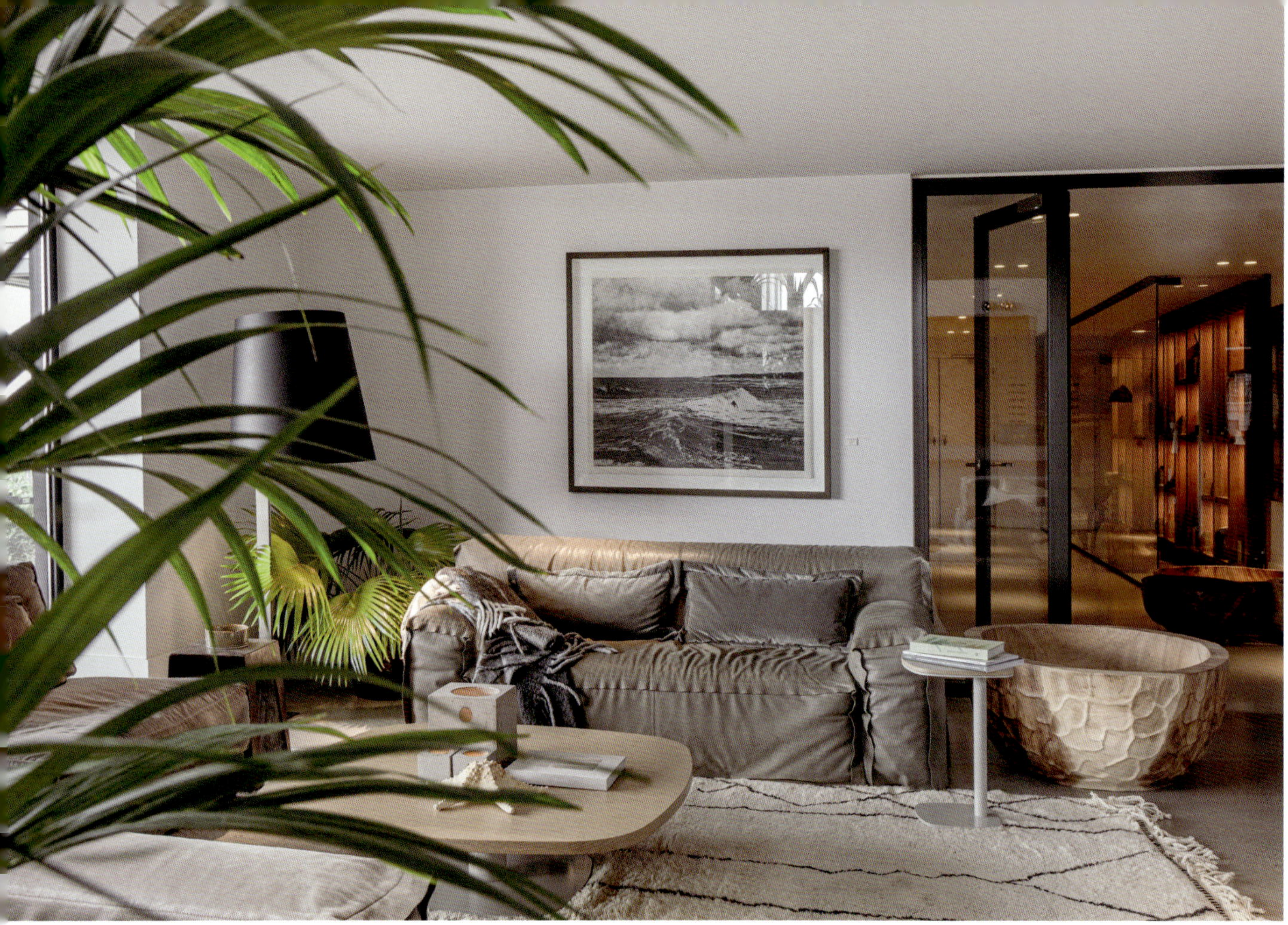

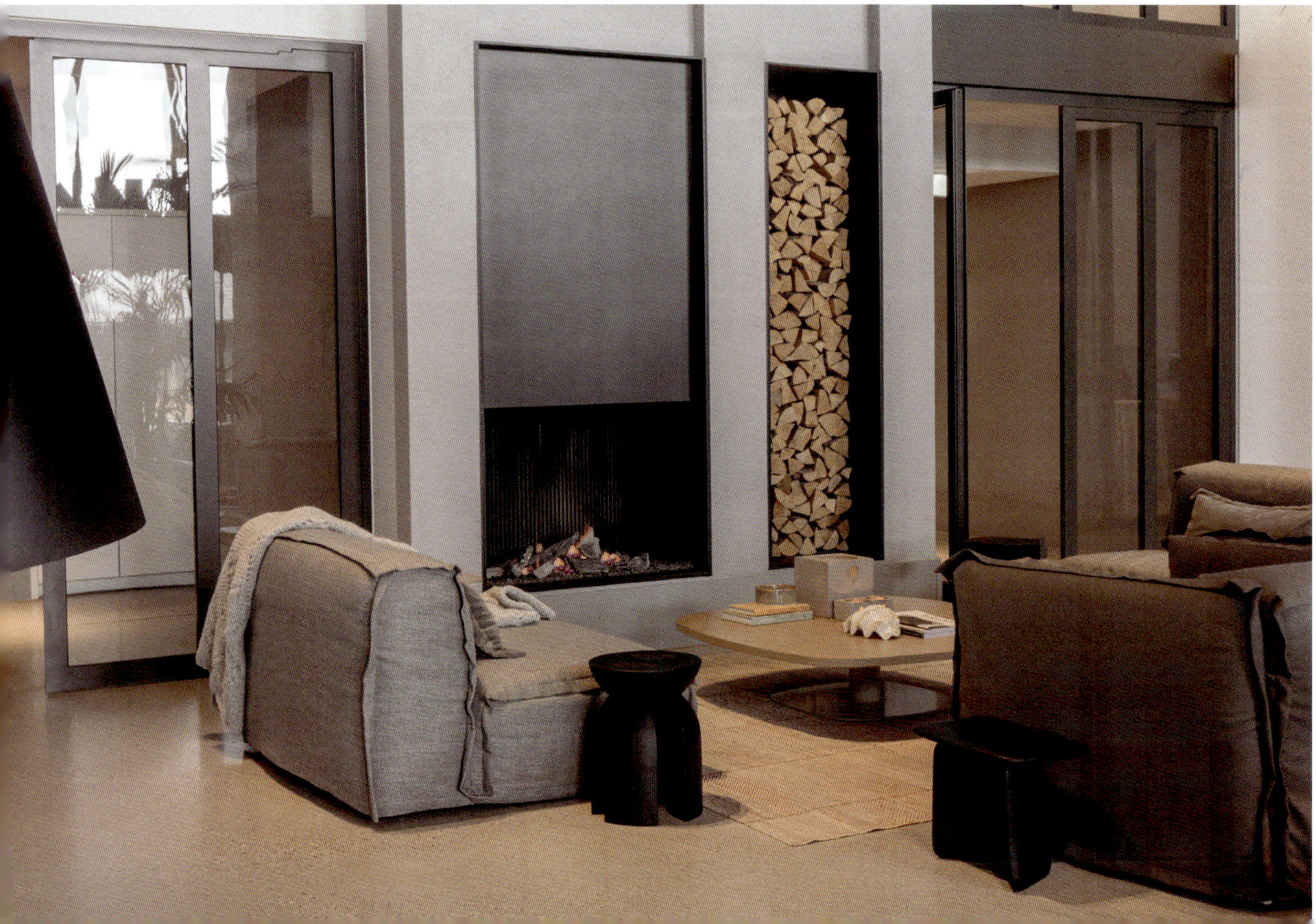

BREEZY SHORES AND
GOLDEN PEBBLES

THE RELAIS COODEN BEACH

The fascinating history of British Seaside Resorts has always been entertaining. Whilst it may appear to be a sleepy town, Bexhill-on-Sea in East Sussex was the first to allow mixed bathing on its beaches at the turn of the century, and Cooden Beach next to it was the private home of the De La Warr family with notable guests such as King George VI and the princesses Elizabeth and Margaret. Once a popular seaside resort, however, it retains many period characteristics that add to the town's charm. With the rejuvenating power of water, endless stretches of pebbles massaging your feet and a calm vibe, bland coastal towns were revitalized and meanwhile attract a relaxed crowd, often from the Capital. One of the Relais Retreats, the Relais Cooden Beach, an award-winning lifestyle resort created by international hôtelière Grace Leo, blends in as fresh as a sea breeze. Located on a private beach overlooking the English Channel, this contemporary gem should become your next staycation.

Die faszinierende Geschichte britischer Seebäder war schon immer spannend. Bexhill-on-Sea in East Sussex mag zwar wie ein verschlafenes Nest wirken, doch war es das erste, das um die Jahrhundertwende das gemeinschaftliche Baden an seinen Stränden erlaubte, und in Cooden Beach befand sich das Haus der De La Warrs, in dem prominente Gäste wie König Georg VI. und die Prinzessinnen Elizabeth und Margaret zu Gast waren. Der einst beliebte Badeort hat sich jedoch viele historische Merkmale bewahrt, die den Charme der Stadt ausmachen. Mit der regenerierenden Kraft des Wassers, endlosen weichen Kieselstränden und einer gelassenen Atmosphäre wurden biedere Küstenstädte wiederbelebt und ziehen inzwischen ein entspanntes Hauptstadtpublikum an. Eines der Relais Retreats, das Relais Cooden Beach, ein preisgekröntes und stilvolles Lifestyle-Resort, von der internationalen Hôtelière Grace Leo entworfen, liegt an einem Privatstrand mit Blick auf den Ärmelkanal und wirkt so frisch wie eine Meeresbrise.

L'histoire fascinante des stations balnéaires britanniques a toujours été divertissante. Bien qu'il puisse sembler être une ville endormie, Bexhill-on-Sea dans le Sussex de l'Est a été la première à autoriser la baignade mixte sur ses plages au tournant du siècle, et Cooden Beach à côté était la résidence privée de la famille De La Warr avec des invités notables tels que le roi George VI et les princesses Elizabeth et Margaret. Autrefois une station balnéaire populaire, elle conserve néanmoins de nombreuses caractéristiques d'époque qui ajoutent au charme de la ville. Avec le pouvoir régénérant de l'eau, d'interminables étendues de galets massant vos pieds et une ambiance calme, les villes côtières ternes ont été revitalisées et attirent désormais une foule décontractée, souvent en provenance de la capitale. L'un des Relais Retreats, le Relais Cooden Beach, une station balnéaire primée créée par l'hôtelière internationale Grace Leo, s'intègre aussi fraîchement qu'une brise marine. Situé sur une plage privée surplombant la Manche, ce joyau contemporain devrait être votre prochaine escapade.

La fascinante historia de los balnearios británicos siempre ha sido entretenida. Aunque pueda parecer una ciudad adormecida, Bexhill-on-Sea, en East Sussex, fue la primera en permitir el baño mixto en sus playas a principios de siglo, y la playa de Cooden, junto a ella, fue la residencia privada de la familia De La Warr, con invitados notables como el rey Jorge VI y las princesas Isabel y Margarita. Sin embargo, la ciudad, que en su día fue un popular balneario, conserva muchas características de la época que contribuyen a su encanto. Con el poder rejuvenecedor del agua, interminables extensiones de guijarros que masajean los pies y un ambiente tranquilo, las anodinas ciudades costeras fueron revitalizadas y entretanto atraen a un público relajado, a menudo procedente de la capital. Uno de los Relais Retreats, el Relais Cooden Beach, un galardonado complejo de estilo de vida creado por la hôtelière internacional Grace Leo, se integra tan fresco como la brisa marina. Situado en una playa privada con vistas al Canal de la Mancha, esta joya contemporánea debería convertirse en su próxima estancia.

Within just two hours from London, the golden beach is all yours. A minute's walk from a historic train station, the plentiful Relais Cooden Beach is a waterside escape in its own right, combining seclusion and peace with restorative treatments, sensational seafood and spectacular settings. Grace Leo's signature haute couture aesthetic and her eye for impressive details is omnipresent and have translated well as evinced by her personal "Touch of Grace". An intimate reception connects the stunning lobby flawlessly with several salons and the bar, covered with an Asian-influenced bamboo canopy where creative cocktails enchant all discerning travellers. The lovely built-in library is home to a collection of naval fiction, and its cosy fireplace in the centre is surrounded by comfortable couches and the preferred meeting point for high tea after a day at the sea. Selected vintage and bespoke furnishings at the Elva Bar and the use of noble materials and stripped fabrics convey the nautical and marine theme and refine the very essence of the concept of a seaside property with history and heritage. A selection of delicious organic dishes with ingredients sourced by local Sussex fishermen and crafted by ambitious young chefs can be enjoyed both at the Rally Bar and Restaurant and also the Beach Club for seasonal al fresco dining. With direct sea views accompanied by the sound of gentle waves and the smell of salty air, the beautiful rooms with exquisite amenities by Aromatherapy Associates are simply barefoot steps away from the shingle beach. Some come with little terraces boasting incredible views where you can catch the sunrise with your morning coffee or end the day with a glass of chilled white wine. With a strong focus on well-being, spa treatments in the Sea Cottage are extraordinarily nourishing and include full body or pregnancy massages, rose facials and different therapies inspired by the healing power of water. Dive in, cleanse your soul and sleep tight!

Innerhalb von nur zwei Stunden von London, gehört der goldene Strand einem ganz allein. Das Relais Cooden Beach, nur eine Gehminute von dem historischen Bahnhof entfernt ist ein Zufluchtsort am Wasser, der Abgeschiedenheit und Ruhe mit erholsamen Behandlungen, sensationellen Meeresspezialitäten und einer spektakulären Kulisse verbindet. Grace Leos unverkennbare Haute-Couture-Ästhetik und ihr Auge für stimmungsvolle Details sind unverkennbar, was sich auch in ihrem persönlichen „Touch of Grace" widerspiegelt. Ein intimer Empfangsbereich verbindet die wunderschöne Lobby mit mehreren Salons und der mit einem asiatisch inspirierten Bambusdach überspannte Bar, in der kreative Cocktails anspruchsvollen Reisende verzaubern. Die Bibliothek bietet eine Sammlung an Marineliteratur, und der behagliche Kamin in der Mitte von komfortablen Sofas umgeben, ist beliebter Treffpunkt für den High Tea nach einem Tag an der See. Ausgewähltes Vintage-Mobiliar und maßgefertigte Möbel in der Elva Bar sowie die Verwendung edler Materialien und gestreifter Stoffe vermitteln das nautische Thema und verfeinern die Essenz des Konzepts eines Anwesens am Meer mit Geschichte und Kulturerbe. Eine Auswahl an köstlichen Gerichten, mit Zutaten von lokalen Fischern aus Sussex bezogen und von ambitionierten jungen Köchen zubereitet, werden in der Rally Bar und im Restaurant als auch im Beach Club serviert. Die herrlichen Zimmer mit Meerblick, begleitet vom Wellenrauschen und dem Duft salziger Luft, sind nur wenige Schritte vom Kieselstrand entfernt und verfügen über exquisite Pflegeprodukte von Aromatherapy Associates. Einige haben kleine Balkone mit Aussicht, wo man den Sonnenaufgang mit Morgenkaffee begrüßen oder den Abend mit gekühltem Weißwein ausklingen lassen kann. Die erholsamen Spa-Behandlungen im Sea Cottage sind wohltuend und umfassen Rosengesichtsbehandlungen sowie mehrere Massagen und Therapien, die von der Heilkraft des Wassers inspiriert sind. Eintauchen, Seele reinigen und Einschlafen!

À seulement deux heures de Londres, la plage dorée est à vous. À une minute à pied d'une gare historique, le plentiful Relais Cooden Beach est une évasion en bord de mer à part entière, combinant isolement et tranquillité avec des traitements réparateurs, des fruits de mer sensationnels et des cadres spectaculaires. L'esthétique haute couture de Grace Leo et son œil pour les détails impressionnants sont omniprésents et se sont bien traduits, comme en témoigne son « Touch of Grace » personnel. Une réception intime relie le superbe lobby à plusieurs salons et au bar, recouvert d'un auvent en bambou d'inspiration asiatique où des cocktails créatifs enchantent tous les voyageurs exigeants. La jolie bibliothèque intégrée abrite une collection de fiction navale, et sa cheminée cosy au centre est entourée de canapés confortables et est le point de rencontre privilégié pour le thé de l'après-midi après une journée à la mer. Les meubles vintage et sur mesure sélectionnés au Elva Bar et l'utilisation de matériaux nobles et de tissus dépouillés véhiculent le thème nautique et marin et affinent l'essence même du concept d'une propriété en bord de mer avec histoire et patrimoine. Une sélection de délicieux plats biologiques avec des ingrédients provenant de pêcheurs locaux du Sussex et conçus par de jeunes chefs ambitieux peut être appréciée aussi bien au Rally Bar and Restaurant qu'au Beach Club pour des repas en plein air saisonniers. Avec une vue directe sur la mer accompagnée du bruit des vagues douces et de l'odeur de l'air salé, les belles chambres avec des commodités exquises de Aromatherapy Associates ne sont qu'à quelques pas à pieds nus de la plage de galets. Certaines sont dotées de petites terrasses offrant une vue incroyable où vous pouvez admirer le lever du soleil avec votre café du matin ou terminer la journée avec un verre de vin blanc bien frais. Avec un fort accent sur le bien-être, les soins de spa dans le Sea Cottage sont extraordinairement nourrissants et comprennent des massages complets du corps ou de grossesse, des soins du visage à la rose et différentes thérapies inspirées par le pouvoir curatif de l'eau. Plongez, purifiez votre âme et dormez bien !

A sólo dos horas de Londres, la playa dorada es toda suya. A un minuto a pie de una histórica estación de tren, el abundante Relais Cooden Beach es una escapada junto al mar por derecho propio, que combina el aislamiento y la paz con tratamientos reparadores, un marisco sensacional y un entorno espectacular. La estética de alta costura característica de Grace Leo y su ojo para los detalles impresionantes están omnipresentes y se han traducido bien, como demuestra su personal «Toque de Gracia». Una íntima recepción conecta a la perfección el impresionante vestíbulo con varios salones y el bar, cubierto con un toldo de bambú de influencia asiática donde los cócteles creativos encantan a todos los viajeros exigentes. La encantadora biblioteca incorporada alberga una colección de ficción naval, y su acogedora chimenea en el centro está rodeada de cómodos sofás y es el punto de encuentro preferido para tomar el té después de un día en el mar. El selecto mobiliario de época y hecho a medida del Bar Elva y el uso de materiales nobles y tejidos despojados transmiten la temática náutica y marina y refinan la esencia misma del concepto de una propiedad costera con historia y patrimonio. Una selección de deliciosos platos orgánicos con ingredientes procedentes de los pescadores locales de Sussex y elaborados por jóvenes y ambiciosos chefs puede degustarse tanto en el Rally Bar and Restaurant como en el Beach Club para cenar al aire libre en temporada. Con vistas directas al mar acompañadas por el sonido de las suaves olas y el olor del aire salado, las hermosas habitaciones con exquisitas comodidades de Aromatherapy Associates están a sólo unos pasos de la playa de guijarros. Algunas disponen de terracitas con vistas increíbles donde podrá contemplar el amanecer con su café matutino o terminar el día con una copa de vino blanco bien frío. Con un fuerte enfoque en el bienestar, los tratamientos de spa en el Sea Cottage son extraordinariamente nutritivos e incluyen masajes corporales completos o para embarazadas, tratamientos faciales con rosas y diferentes terapias inspiradas en el poder curativo del agua. Sumérjase, purifique su alma y duerma tranquilo.

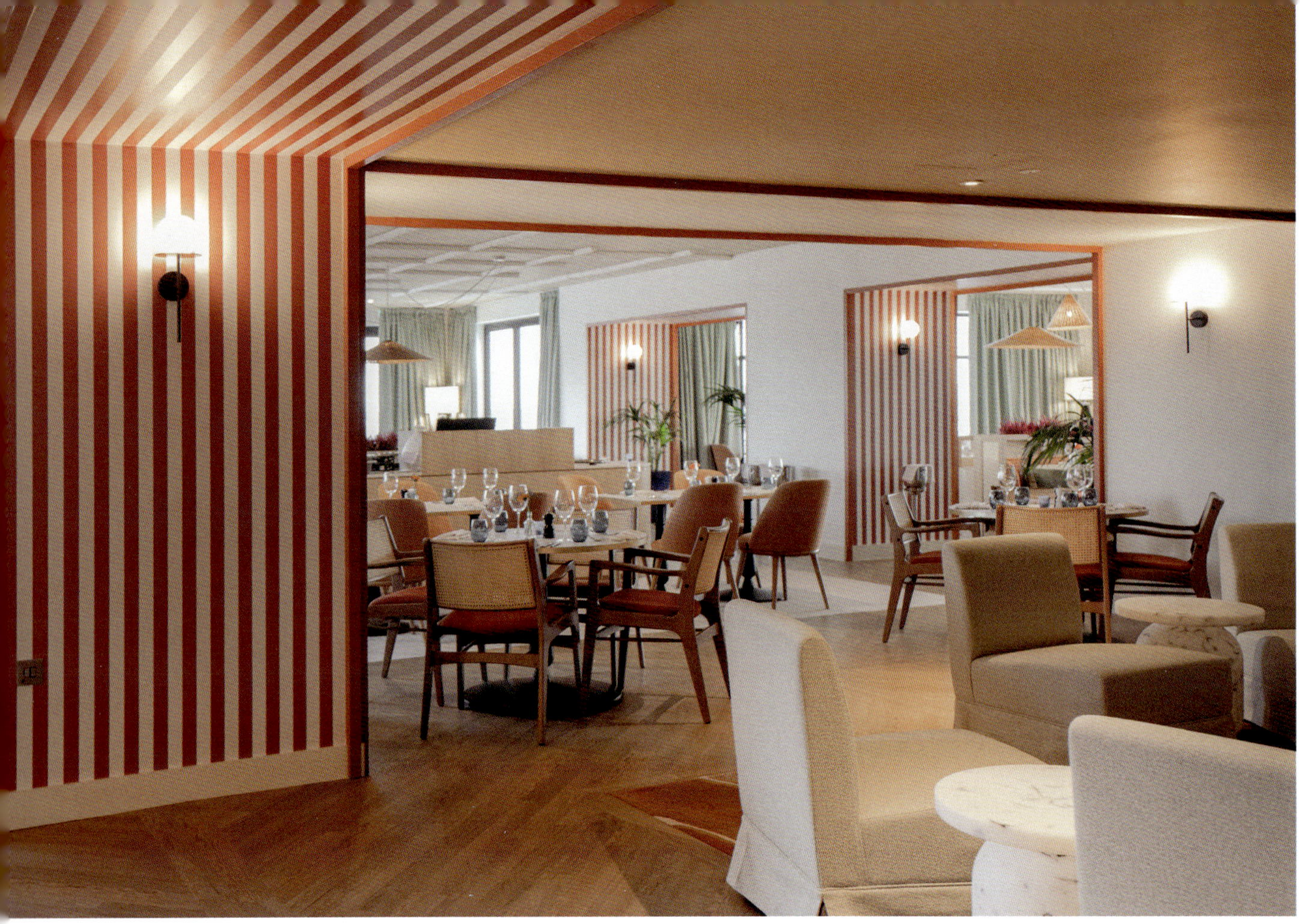

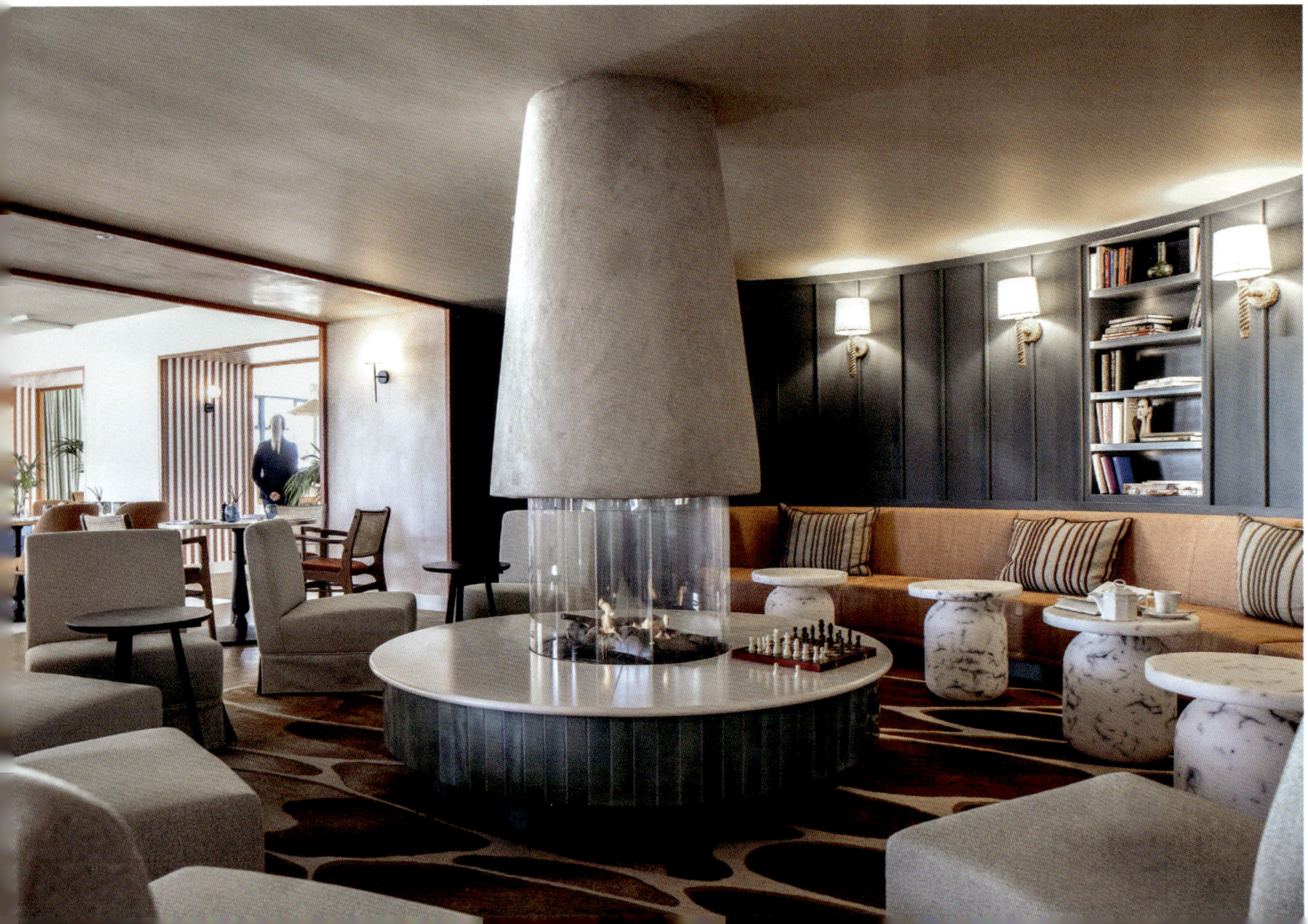

SILVER SPRAY AND SEAGULLS
WYNS TRANDHOTEL SYLT

Islands have a certain magic and charm. Secluded from the mainland, mostly entirely surrounded by water with minimal connection to the continent, they are gems in the sea. They protect and embrace, are a sanctuary and a place of desire. And they have a special light. So does Sylt, with its incomparable nature and vastness. The Sylt with its scent of salt, dunes and sea. Or its crashing waves and powerful gales in autumn. Surf, spray, driftwood and seagulls. Wide beaches and infinity. In the distance you can see dolphins jumping from time to time. Strandhotel Wyn, one of the properties of Arcona Hotels & Resorts, nestles on one of the last dunes before the sea on Brandenburg beach amidst dense beach grass and heather. The silvery-sounding name comes from the Sylt Frisian dialect Söl'ring and means wind. And it is precisely this lifestyle that Wyn conveys. Intense and vibrant and free like the wind and like the islanders, paired with elegance, cosmopolitanism, comfort and delight.

Inseln wohnt ein bestimmter Zauber und Charme inne. Abgeschottet vom Festland, meist vollständig von Wasser umgeben mit minimaler Anbindung an den Kontinent sind sie Kleinode im Meer. Sie schützen und umarmen, sind Refugium und Sehnsuchtsort. Und sie haben ein besonderes Licht. So auch Sylt mit seiner unvergleichlichen Natur und Weite. Das Sylt mit seinem Duft von Salz, Dünen und Meer. Oder seinen krachenden Wellen und kräftigen Sturmböen im Herbst. Brandung, Gischt, Treibholz und Möwen. Weite Strände und Unendlichkeit. An einer der letzten Dünen vor dem Wasser am Brandenburger Strand, inmitten von dichtem Strandhafer und Heidekraut schmiegt sich das Strandhotel Wyn, eines der Häuser von arcona Hotels & Resorts. Der silbrig klingende Name entstammt dem sylterfriesischem Dialekt Söl'ring und bedeutet Wind. Und genau dieses Lebensgefühl vermittelt Wyn. Intensiv, lebendig und frei wie der Wind und wie die Inselbewohner, gepaart mit Eleganz, Weltoffenheit, Behaglichkeit und Genuss.

Les îles ont une certaine magie et charme. Isolés du continent, pour la plupart entièrement entourés d'eau avec un lien minimal avec le continent, ce sont des joyaux de la mer. Ils protègent et embrassent, sont un sanctuaire et un lieu de désir. Et ils ont une lumière spéciale. Il en va de même pour Sylt, avec sa nature et son immensité incomparables. Le Sylt avec son parfum de sel, de dunes et de mer. Ou ses vagues déferlantes et ses coups de vent puissants en automne. Surf, embruns, bois flotté et mouettes. De larges plages et à l'infini. Au loin, vous pouvez voir des dauphins sauter de temps en temps. Strandhotel Wyn, l'une des propriétés d'Arcona Hotels & Resorts, niché sur l'une des dernières dunes avant la mer sur la plage de Brandebourg au milieu d'herbes et de bruyères denses. Le nom aux consonances argentées vient du dialecte frison de Sylt Söl'ring et signifie vent. Et c'est précisément ce style de vie que Wyn véhicule. Intense et vibrante et libre comme le vent et comme les insulaires, associée à l'élégance, au cosmopolitisme, au confort et au plaisir.

Las islas tienen una cierta magia y encanto. Aisladas del continente, en su mayoría rodeadas completamente de agua con una mínima conexión con el continente, son joyas en el mar. Protegen y abrazan, son un santuario y un lugar de deseo. Y tienen una luz especial. Lo mismo ocurre con Sylt, con su naturaleza incomparable y su vastedad. Sylt con su aroma a sal, dunas y mar. O con sus olas rompiendo y los poderosos vientos en otoño. Surf, rocío, maderas flotantes y gaviotas. Playas extensas e infinitas. A lo lejos se pueden ver delfines saltando de vez en cuando. Strandhotel Wyn, una de las propiedades de Arcona Hotels & Resorts, se encuentra en una de las últimas dunas antes del mar en la playa de Brandeburgo, en medio de densa hierba de playa y brezo. El nombre con sonido plateado proviene del dialecto frisio de Sylt, el Söl'ring, y significa viento. Y es precisamente este estilo de vida el que transmite Wyn. Intenso y vibrante, libre como el viento y como los isleños, junto con elegancia, cosmopolitismo, comodidad y deleite.

Moin! Wind-blown by the amber breeze, their wild curls full of sand and seaweed, Fiete and Fenja happily sink into the sea-blue, island-shaped lounge chairs. "Moin" is a charming catch-all greeting and means "Hello" in the northern parts of Germany. Lovingly called "The living room", the open space is simultaneously a reception area, a place to relax and an info point. This is where people meet after beach walks, exchange experiences, inquire about island activities or tell each other tales of starfish and shell seekers. The Scandinavian-inspired, pebble-coloured interiors with organic materials, textures and sea decorations, as well as a collection of portraits of the island's people and animals, pay homage to Sylt and the sea and continue in 72 bright rooms and suites of different categories, with sea or island views. Imaginative room names such as Meerzeit, Buhne, Land in Sicht or Strandläufer immediately inspire a desire for the sea. The house scores with attentive details such as a rich breakfast buffet, and delicious dishes from the show kitchen in the Kitchen.Bar restaurant, pillow menus, in-house sea buckthorn and rosehip teas or interesting literature about Sylt and its history. Four-legged friends are also welcome and even receive a dog VIP welcome set. Whether snuggled up in your beach chair or active on the yoga mat in the Spa.Lounge: Mindfulness and care in connection with nature, movement and wellness to recharge your batteries is the holistic motto of Wyn. The hotel's highlight is the shimmering pool and loggia with panoramic coast views. There you swim in harmony with the windswept surf of the North Sea. In the evening, the Spa.Lounge becomes the Night.Lounge and invites you to a sundowner. Beach hotels are literally a dime a dozen. However, creating a quiet oasis that leads to the regeneration of the body, a fresh mind, and soul touching experience is rare. Which the owners Christiane Winter-Thumann and Alexander Winter have more than accomplished.

Moin! Windzerzaust vom Bernsteinwind, die wilden Locken voll Sand und Seetang lassen sich Fiete und Fenja fröhlich in die meerblauen, inselförmig gestellten Loungesessel fallen. Liebevoll „Wohnzimmer" genannt, ist der offene Raum Empfang, Entspannungsort und Infostelle zugleich. Hier trifft man sich nach Strandspaziergängen, tauscht Erlebnisse aus, erkundigt sich über Eilandaktivitäten oder erzählt sich Sagen von Seesternen und Muschelsuchern. Das skandinavisch angehauchte, kieselsteinfarbene Interior mit ökologischen Materialien, Texturen und Meeresdekoration sowie einer Portraitfotografiesammlung über Menschen und Tiere der Insel ist eine Hommage an Sylt und die See und setzt sich in 72 hellen Zimmern und Suiten unterschiedlicher Kategorien mit Meer – oder Inselblick fort. Fantasievolle Zimmernamen wie Meerzeit, Buhne, Land in Sicht oder Strandläufer machen sofort Lust auf Meer. Das Haus punktet mit aufmerksamen Details wie einem üppigen Frühstücksbuffet, köstlichen Gerichten aus der Showküche im Restaurant Kitchen.Bar, Kissenmenüs, hauseigene Sanddorn und Hagebuttentees oder interessante Literatur über Sylt und seine Geschichte. Auch Vierbeiner sind gerne gesehen und erhalten sogar ein Hunde-VIP-Willkommensset. Ob eingekuschelt im Strandkorb oder aktiv auf der Yogamatte in der Spa.Lounge: Mindfullness und Achtsamkeit in Verbindung mit Natur, Bewegung und Wellness zum Auftanken neuer Lebensenergie ist das holistische Motto vom Wyn. Das Highlight des Hotels ist der schimmernde Panoramapool, und die Loggia mit Rundumblick auf die Küste. Dort schwimmt man im Einklang mit der windgepeitschten Brandung der Nordsee. Am Abend wird die Spa.Lounge zur Night.Lounge und lädt zum Sundowner ein. Strandhotels gibt es im wahrsten Sinne des Wortes wie Sand am Meer. Eine ruhige Oase jedoch zu schaffen, die zur Regeneration des Körpers führt, den Geist erfrischt und tief die Seele berührt, ist den Inhabern Christiane Winter-Thumann und Alexander Winter mit Wyn mehr als gelungen.

Moine ! Poussées par la brise ambrée, leurs boucles sauvages pleines de sable et d'algues, Fiete et Fenja s'enfoncent joyeusement dans les transats bleu marine en forme d'île. « Moin » est une charmante salutation fourre-tout et signifie « Bonjour » dans le nord de l'Allemagne. Affectueusement appelé « Le salon », l'open space est à la fois un espace d'accueil, un lieu de détente et un point d'information. C'est là que les gens se rencontrent après les promenades sur la plage, échangent leurs expériences, se renseignent sur les activités de l'île ou se racontent des histoires d'étoiles de mer et de coquillages. Les intérieurs d'inspiration scandinave aux couleurs de galets avec des matériaux organiques, des textures et des décorations marines, ainsi qu'une collection de portraits des habitants et des animaux de l'île, rendent hommage à Sylt et à la mer et se poursuivent dans 72 chambres et suites lumineuses de différentes catégories, avec vue sur la mer ou l'île. Des noms de chambres imaginatifs tels que Meerzeit, Buhne, Land in Sicht ou Strandläufer inspirent immédiatement le désir de la mer. La maison se distingue par des détails soignés tels qu'un copieux petit-déjeuner buffet et de délicieux plats de la cuisine ouverte du restaurant Kitchen.Bar, des menus d'oreillers, des thés à l'argousier et à l'églantier ou une littérature intéressante sur Sylt et son histoire. Les amis à quatre pattes sont également les bienvenus et reçoivent même un kit de bienvenue VIP pour chien. Que ce soit blotti dans votre chaise de plage ou actif sur le tapis de yoga du Spa.Lounge : Pleine conscience et soins en lien avec la nature, le mouvement et le bien-être pour recharger vos batteries est la devise holistique de Wyn. Le point culminant de l'hôtel est la piscine scintillante et la loggia avec vue panoramique sur la côte. Là, vous nagez en harmonie avec les vagues balayées par le vent de la mer du Nord. Le soir, le Spa.Lounge devient le Night.Lounge et vous invite à un apéritif. Les hôtels de plage sont littéralement à la pelle. Cependant, créer une oasis de calme qui mène à la régénération du corps, à un esprit frais et à une expérience touchante pour l'âme est rare. Ce que les propriétaires Christiane Winter-Thumann et Alexander Winter ont plus qu'accompli.

¡Moin! Llevados por la brisa ámbar, con sus rizos salvajes llenos de arena y algas marinas, Fiete y Fenja se hunden felices en las sillas de playa azul marino con forma de isla. «Moin» es un encantador saludo que significa «Hola» en las partes del norte de Alemania. Llamado con cariño «La sala de estar», este espacio abierto es a la vez un área de recepción, un lugar para relajarse y un punto de información. Aquí es donde la gente se encuentra después de paseos por la playa, intercambia experiencias, pregunta por actividades en la isla o se cuenta historias sobre estrellas de mar y buscadores de conchas. Los interiores de inspiración escandinava, en tonos de guijarros, con materiales orgánicos, texturas y decoraciones marinas, así como una colección de retratos de la gente y animales de la isla, rinden homenaje a Sylt y al mar, y continúan en 72 luminosas habitaciones y suites de diferentes categorías, con vistas al mar o a la isla. Nombres imaginativos como Meerzeit, Buhne, Land in Sicht o Strandläufer inspiran inmediatamente el deseo de estar junto al mar. El hotel destaca por detalles atentos como un rico desayuno buffet, deliciosos platos de la cocina exhibida en el restaurante Kitchen.Bar, menús de almohadas, tés de espino amarillo y escaramujo elaborados en casa o interesante literatura sobre Sylt y su historia. También se reciben con gusto amigos de cuatro patas y reciben incluso un set de bienvenida VIP para perros. Ya sea acurrucado en una silla de playa o practicando yoga en la Spa.Lounge: La atención plena y el cuidado en conexión con la naturaleza, el movimiento y el bienestar para recargar las energías es el lema de Wyn. El punto culminante del hotel es la reluciente piscina y logia con vistas panorámicas a la costa. Allí se nada en armonía con el oleaje barrido por el viento del Mar del Norte. Por la noche, la Spa.Lounge se convierte en la Night.Lounge e invita a disfrutar de un cóctel al atardecer. Los hoteles de playa son literalmente una docena, pero crear un oasis tranquilo que conduzca a la regeneración del cuerpo, una mente fresca y una experiencia que toque el alma es raro. Esto es precisamente lo que han logrado los propietarios, Christiane Winter-Thumann y Alexander Winter.

DIRECTORY

BAREFOOT HOTEL PORTOCOLOM
www.barefoothotels.de
Instagram: barefoot_hotels
© Patricia Parinejad /
Arcona Hotels & Resorts

BEACH MOTEL SPO
www.beachmotel-spo.de
Instagram: beachmotel_spo
© Patricia Parinejad

BIKINI ISLAND & MOUNTAIN HOTEL
www.bikini-hotels.com
Instagram: bikinihotels
© Patricia Parinejad

CASA MÃE
www.casa-mae.com
Instagram: casamae
© Casa Mae, Ruben Guerreiro /
Zavial Studio

EL LLORENÇ PARC DE LA MAR
www.elllorenc.com
Instagram: hotelelllorenc
© Patricia Parinejad

EL VICENÇ DE LA MAR
www.elvicenc.com
Instagram: hotelelvicenc
© Patricia Parinejad / J. Taltavull

ES BLAU DES NORD MALLORCA
www.esblaudesnord
Instagram: esblaudesnordhotel
www.int-sight.com
Instagram: int_sight
© Studio INTSIGHT / Patricia Parinejad

GRAND HOTEL HEILIGENDAMM
www.grandhotel-heiligendamm.de
Instagram: grandhotelheiligendamm
© Patricia Parinejad

HÔTEL CAFÉ DE PARIS BIARRITZ
www.hotel-cafedeparis-biarritz.com
Instagram: lecafedeparisbiarritz
© Patricia Parinejad / Aurélie Bonnet

HOTEL ESPLÉNDIDO PORT DE SÓLLER
www.esplendidohotel.com
Instagram: esplendido_hotel
© Patricia Parinejad / Johanna Gunnberg

IBEROSTAR PORTALS NOUS MALLORCA
www.iberostar.com/eu/hotels/majorca/
iberostar-grand-portals-nous/
Instagram: iberostar
© Patricia Parinejad

IL SERENO LAGO DI COMO
www.serenohotels.com
Instagram: serenohotels
© Patricia Parinejad

LA CHAUMIÈRE
www.hotel-chaumiere.fr
Instagram: lachaumierehonfleur
© Patricia Parinejad / Franck Schmitt

MAISON LA MINERVETTA
www.laminervetta.com
Instagram: la_minervetta
© Maison la Minervetta

MIKASA IBIZA AND BEACHOUSE
www.mikasaibiza.com
Instagram: mikasaibiza
© Maria Santos / Mario Pinta

NUMOIERAPETRA
www.numoierapetra.com
Instagram: numoierapetra
© Patricia Parinejad / Anima Vision /
Nick Kontostavlakis

PORTIXOL HOTEL Y RESTAURANTE
www.portixol.com
Instagram: portixol_hotel
© Patricia Parinejad / Johanna Gunnberg

ROYALBLUE
www.theroyalblue.troulisroyalcollection.com
Instagram: royalblueresort
© Anima Vision / Nick Kontostavlakis

ROYAL SENSES
www.hilton.com/en/hotels/herrsqq-the-
royal-senses-resort-and-spa-crete
Instagram: theroyalsenses
© Anima Vision / Nick Kontostavlakis

QUINTA DA COMPORTA PORTUGAL
www.quintadacomporta.com/
Instagram: quintadacomporta
© Patricia Parinejad

**SEETELHOTEL,
STRANDHOTEL ATLANTIC &
VILLA MEERESSTRAND**
www.seetel.de
Instagram: strandhotelatlantic
© Seetelhotels

STRANDHOTEL CADZAND BAD
www.strandhotel.eu
Instagram: strandhotelcadzandbad
© Patricia Parinejad

THE RELAIS COODEN BEACH
www.therelaisretreats.com/coodenbeach
Instagram: the_relaiscoodenbeach
© Patricia Parinejad / Gregoire Gardette /
The Relais Retreats

WYN STRANDHOTEL SYLT
www.wyn-sylt.de
Instagram: wyn.strandhotel
© Arcona Hotels & Resorts

Patricia Parinejad

About the Curator

Photographer, author and curator Patricia Parinejad came to Germany as a political refugee amids the Iranian revolution. Caught between two conflicting cultures at a sensitive age, growing up wasn't easy.

However, it taught her about cultural belonging, and the need to create an independent personal identity, topics that have fascinated and influenced her throughout her life. Gifted with an adventurous spirit, courage and and an innate curiosity in people and places, Patricia has traveled extensively. She has lived in Germany, France, Spain, China, the US, and Brazil and speaks six languages fluently.

"Our way of living today should be open-hearted and responsible, spanning cultures and countries."

Patricia is no onlooker, she engages. Her extensive photographic portfolio encompasses architecture, luxury hospitality, design, interiors, sustainability, nature, and wildlife for an international clientele and her relationship with top editors and tastemakers reflects this connectivity, but also her passion for storytelling and discoveries off the beaten tracks.

Her artistic creations adorn the collections of renowned museums like LACMA in the US and the ONM in Curitiba, Brazil, as well as various galleries and private collections and her photodocumentary about favelas in Rio de Janeiro was part of the Venice Biennale for Architecture.

Patricia is based in Berlin but the sea is her elixir of life. Her close friends love her for her energy, warmth, loyalty, generosity, and for making them laugh like no one else can.

Ralf Daab

About HOL

HOL, short for HIGH ON LIVING, is a new label for lifestyle books founded by Ralf Daab. We have more than 25 years of experience in the global art book market and are now pleased to share our expertise to create the new HOL book series. We work with curators worldwide who present exceptional people and projects in beautiful coffee table books. Visit us at www.high-on-living.com

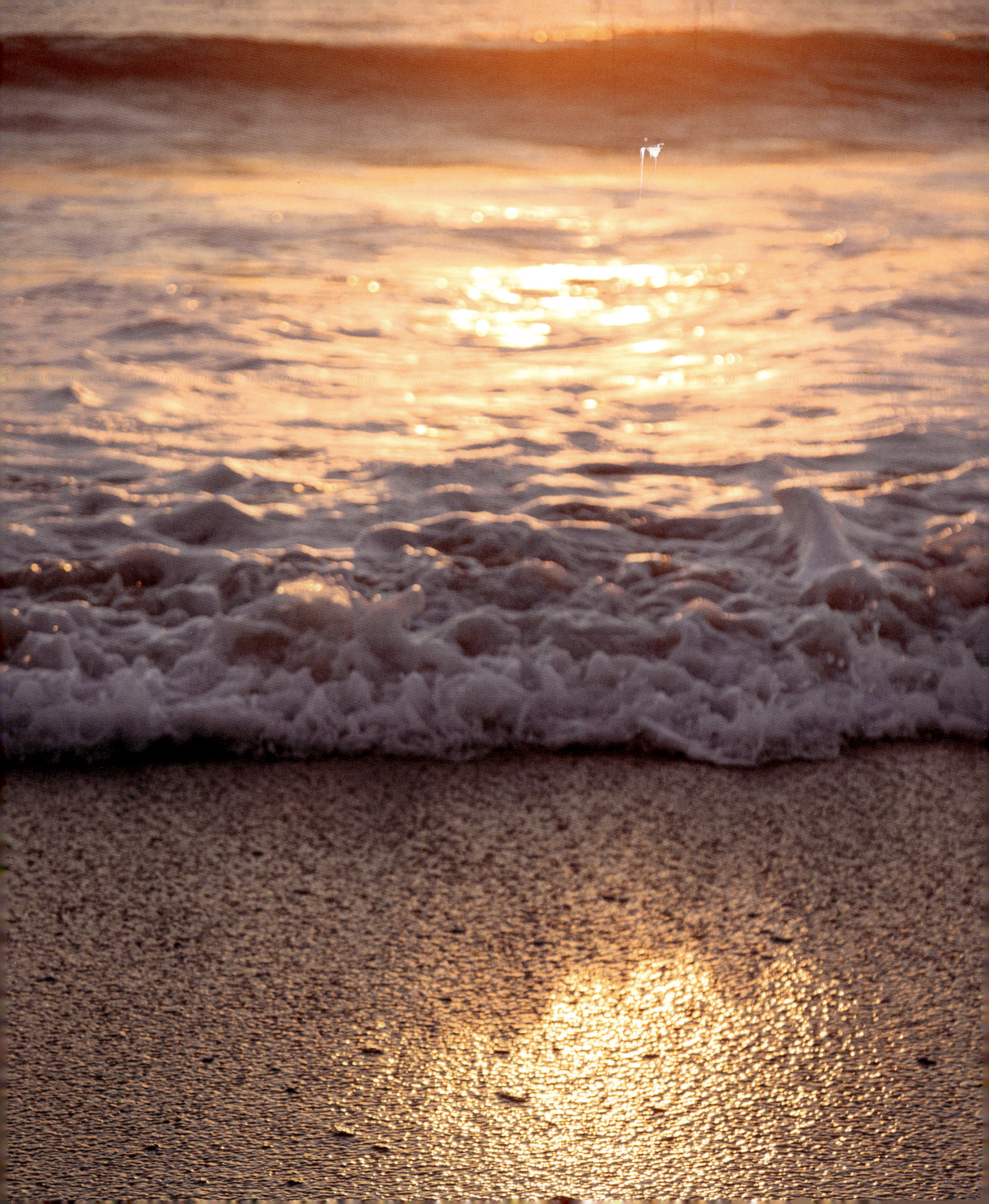